もくじ

三省堂版　国語３年

テストの範囲や学習予定日をかこう！

学習計画	
出題範囲	学習予定日
5/14 テストの日	5/10
	5/11

	教科書ページ	この本のページ ココが要点 例題	予想問題	学習計画 出題範囲	学習予定日
岩が	16〜19	2〜3			
握手	20〜31	4〜5	6〜9		
言葉発見①　辞書の語釈	33		8〜9		
「批判的に読む」とは	40〜43	10〜11			
間の文化	44〜51	12〜13	14〜15		
漢字のしくみ　四字熟語	58〜59				
俳句の世界／俳句十句	62〜70	16〜17	18〜19		
言葉発見②　和語・漢語・外来語	76〜77				
希望	78〜83	20〜21			
フロン規制の物語――〈杞憂〉と〈転ばぬ先の杖〉のはざまで	88〜97	22〜23	24〜25		
言葉発見③　慣用句・ことわざ・故事成語	99〜101				
和歌の世界――万葉集・古今和歌集・新古今和歌集	108〜117	26〜27	28〜29		
おくのほそ道	120〜129	30〜31	32〜33		
言葉発見④　言葉の現在・過去・未来	131				
論語	132〜134	34〜35	36〜37		
漢文の読み方　訓読の仕方の確認	135				
情報社会を生きる――メディア・リテラシー	142〜147	38〜39			
文法の窓　表現につながる文法	153／208〜211				
初恋	156〜158	40〜41			
言葉発見⑤　相手や場に配慮した言葉遣い	160〜161				
故郷	162〜177	42〜43	44〜47		
「文殊の知恵」の時代	182〜185	48〜49			
坊っちゃん	186〜198	50〜51	52〜53		
三年間の文法の総まとめ	212〜219	54〜55			
読書の広場					
高瀬舟	226〜237	56〜57			
サシバ舞う空	238〜245	58〜59			
近世の短詩――俳句・川柳・狂歌	246〜249	60〜61			
「ありがとう」と言わない重さ	250〜255	62〜63			
武器なき「出陣」――千本松原が語り継ぐ	256〜260	64			

解答と解説　別冊

ふろく　テストに出る！　５分間攻略ブック　別冊

岩が

主題

◆流れに精いっぱい逆らっている岩や魚はいかにも爽(さわ)やかである。流れは、逆らわないもの全てを押し流している豊かな存在である。

ココが要点

詩の特徴

●現代の話し言葉(口語)で書かれ、音数に五七調・七五調などの決まりがない(自由詩)→**口語自由詩**

●人間でないものを人間のようにたとえる。→**擬人法**

詩の情景

「岩」「魚」が精いっぱい「**流れ**」に逆らっている。「流れ」は「**卑屈なものたち**」を押し流して、**豊かにあり続けている**。

テストに出る! 予想問題

解答 p.1　30分　100点

次の詩を読んで、問題に答えなさい。

岩が　　吉野弘(よしのひろし)

①岩が　しぶきをあげ
流れに逆らっていた。
岩の横を　川上へ
強靭(きょうじん)な尾を持った魚が　力強く
ひっそりと　泳いですぎた。
②逆らうにしても
それぞれに特有な

---

3 ——線②「逆らう」について答えなさい。

(1) 「魚」が「逆らう」様子を表している言葉を、詩のこれより前の部分から二つ、三字と五字で抜き出しなさい。　5点×2〔10点〕

(2) 「逆らう」様子を、作者はどのように捉えていますか。次から一つ選び、記号で答えなさい。　〔15点〕

ア　それぞれの存在が、なりゆきに従いつつも、ときどき力強く逆らっている。

イ　それぞれの存在が、互いに力を合わせることで、一体となって逆らっている。

ウ　それぞれの存在が、自分の弱さを認めつつ、無理することなく逆らっている。

エ　それぞれの存在が、自分にしかできないやり方で力の限りに逆らっている。

4 ——線③「魚が岩を憐れんだり」に使われている表現技法を次から一つ選び、記号で答えなさい。　〔10点〕

ア　倒置　　イ　擬人法

ウ　体言止め　　エ　直喩

漢字を読もう!　①押す　②卑屈　③(魚の)尾
←答えは左ページ

そして精いっぱいな
仕方があるもの。
③魚が岩を憐れんだり
④岩が魚を卑しめたりしないのが
いかにも爽やかだ。
流れは豊かに
むしろ ⑤卑屈なものたちを
押し流していた。

1 よく出る この詩の形式を漢字五字で書きなさい。〔10点〕

2 ――線①「岩が　しぶきをあげ／流れに逆らっていた。」とは、どのような情景ですか。次から一つ選び、記号で答えなさい。〔15点〕

ア 激しい勢いで流れてくる水を、大きな岩がせき止めてためている情景。
イ 岩にぶつかってくる激しい流れに向かって、岩が転がっていく情景。
ウ 流れが勢いよく岩に当たり、岩は流されずにしっかりと存在している情景。
エ 流れが岩に当たって激しく砕け、その勢いで岩が流されかけている情景。

5 やや難 ――線④「いかにも爽やかだ」とありますが、どのようなことが「いかにも爽やか」なのですか。□にあてはまる言葉を書きなさい。〔15点〕

岩や魚が、互いを

6 よく出る ――線⑤「卑屈なものたち」とは、ここではどのようなものだと考えられますか。□にあてはまる言葉を、詩の中から抜き出しなさい。5点×2〔10点〕

岩や魚とは違い、ⓐ□□に対してⓑ□□□ことをしないものたち。

7 この詩の中で、「流れ」はどのようなものとして描かれていますか。次から一つ選び、記号で答えなさい。〔15点〕

ア 周囲にある全てのものと関係なく、昔から爽やかに豊かに続いてきた存在。
イ 卑屈なものたちを押し流して排除しつつ、強いものには逆らっている存在。
ウ 精いっぱいに逆らうもの以外全てを押し流しつつ、豊かにあり続ける存在。
エ 自分に逆らうものに負けることなく、独自な仕方で精いっぱい生きる存在。

漢字で書こう！ ①お(す)　②ひくつ　③(魚の)お
答えは右ページ➡

握手
言葉発見① 辞書の語釈

主題

◇天使園の子供たちに無償の愛を注いだルロイ修道士は教え子たちを訪問する。「私」は、ルロイ修道士が死を覚悟していることに気づき、やるせない気持ちになる。

⇨5分間攻略ブック p.2

テストに出る！ **ココが要点**

ルロイ修道士との再会（教 p.22～p.27）➤予想問題①、②

●ルロイ修道士は、**戦争中**、監督官に左の**人さし指**を潰された。
●ルロイ修道士は、日本人やカナダ人やアメリカ人といったものがあるのではなく、**一人一人の人間**がいると考えている。
●「私」は、ルロイ修道士の**死**が近いことに気づく。

ルロイ修道士との別れ（教 p.27～p.29）➤例題

●ルロイ修道士は死が近いことを悟り、「私」に別れの挨拶に来た。「幸運を祈る」「しっかりおやり」の**指言葉**を贈られる。
●「**天国**へ行くのだから怖くない」と死を受け止めている修道士。
●後に全身が腫瘍の巣だったと聞き、**やるせない**気持ちになる「私」。

例題 ルロイ修道士との別れ

ルロイ修道士は壁の時計を見上げて、

「汽車が待っています。」

と言い、①**右の人さし指に中指をからめて掲げた**。これは「幸運を祈る」、「しっかりおやり」という意味の、ルロイ修道士の指言葉だった。

上野（うえの）駅の中央改札口の前で思いきってきいた。

「ルロイ先生、死ぬのは怖くありませんか。私は怖くてしかたがありませんが。」

かつて②**私たちがいたずらを見つかったときにしたように、ルロイ修道士は少し赤くなって頭をかいた**。

「天国へ行くのですからそう怖くはありませんよ。」

「天国か。本当に天国がありますか。」

「③**あると信じるほうが楽しいでしょうが**。死ねば何も

1 よく出る ——線①の指言葉にこめられているルロイ修道士の気持ちを選びなさい。

ア　よい人生を送ってほしいと祈る気持ち。
イ　再会できる日を楽しみに待つ気持ち。
ウ　時間が尽きたのを残念に思う気持ち。

（　　）

2 ——線②で、ルロイ修道士が赤くなったのはなぜですか。

もうすぐ［　　　］ことを隠してお別れを言うつもりだったのに、「私」に見破られて、きまりが悪かったから。

答えと解説

1 ア

このしぐさは、**「幸運を祈る」「しっかりおやり」**という意味のルロイ修道士の指言葉であった。天使園にいて、それを知っている「私」にとって、このしぐさは**先生の愛情を思い起こさせる**ものでもある。

2 死ぬ

「私」の質問で、自分の死が近いことを隠し通せなかったことを知り、「いたずらを見つかったとき」のようにきまりが悪かったのである。

漢字を読もう！ ①記憶　②洗濯　③穏やか
←答えは左ページ

ないただむやみに寂しいところへ行くと思うよりも、にぎやかな天国へ行くと思うほうがよほど楽しい。そのためにこの何十年間、神様を信じてきたのです。」

わかりましたと答えるかわりに私は④**右の親指を立て**、それからルロイ修道士の手をとって、しっかりと握った。それでも足りずに腕を上下に激しく振った。

「痛いですよ。」

ルロイ修道士は顔をしかめてみせた。

上野公園の葉桜が終わる頃、ルロイ修道士は仙台(せんだい)の修道院で亡(な)くなった。まもなく一周忌である。私たちに会って回っていた頃のルロイ修道士は、身体中(からだじゅう)が悪い腫瘍の巣になっていたそうだ。葬式でそのことを聞いたとき、⑤**私は知らぬまに、両手の人さし指を交差させ、せわしく打ちつけていた**。


［井上(いのうえ)ひさし「握手」による］

3 ルロイ修道士が——線③のように言ったのはなぜですか。

にぎやかな［　　］へ行くと思うことで、死を落ち着いた気持ちで受け入れようとしているから。

4 ——線④の指言葉は、「私」のどのような気持ちを表していますか。

（　　　　）という気持ち。

5 よく出る ——線⑤のしぐさにこめられている「私」の思いを選びなさい。

ア ルロイ修道士が病気のことを最後まで打ち明けてくれなかったことに対する寂しさ。
イ ルロイ修道士が死んでしまう前に、わずかな時間でも会いに来てくれたことに対する喜び。
ウ ルロイ修道士が悪い腫瘍で命を奪われてしまったことに対するやるせなさと悲しみ。

（　　）

3 天国

天国があるかないかを考えるより、**「あると信じるほうが楽しい」と言うところ**に、神様を信仰し、周囲を受け入れてきたルロイ修道士の生き方が感じ取れる。

4 例 わかりました

直前の「わかりましたと答えるかわりに」から読み取る。指言葉で答えることで、ルロイ修道士に対する**敬愛の思い**が読み取れる場面である。

5 ウ

両手の人さし指を交差させるのは、「おまえは悪い子だ。」という意味の、ルロイ修道士の指言葉である。敬愛するルロイ修道士を失った**悲しさ**や、ルロイ修道士が病身でありながらかつての園児たちに会って回っていたことを知った**やるせなさ**が、このようなしぐさとなって表れたのである。

漢字で書こう！ ①きおく ②せんたく ③おだ(やか)
答えは右ページ➡

テストに出る！

予想問題 ①

解答 p.1

30分

100点

次の文章を読んで、問題に答えなさい。

フォークを持つ手の人さし指がぴんと伸びている。指の先の爪は潰れており、鼻くそを丸めたようなものがこびりついている。正常な爪はもう生えてこないのである。あの頃ルロイ修道士の奇妙な爪について天使園には①こんなうわさが流れていた。日本にやってきて二年もしないうちに戦争が始まり、ルロイ修道士たちは横浜（よこはま）から出帆（しゅっぱん）する最後の交換船でカナダに帰ることになった。ところが日本側の都合で交換船は出帆中止になってしまったのである。そして連れていかれたところは丹沢（たんざわ）の山の中。戦争が終わるまでルロイ修道士たちはここで荒れ地を開墾し、蜜柑（みかん）と足柄（あしがら）茶を作らされた。そこまではいいのだが、カトリック者は日曜日の労働を戒律で禁じられているので、ルロイ修道士が代表となって監督官に、「日曜日は休ませてほしい。その埋め合わせは、他の曜日にきっとする。」と申し入れた。すると監督官は、「大日本帝国の七曜表は月月火水木金金。この国には土曜も日曜もありゃせんのだ。」と叱りつけ、見せしめに②ルロイ修道士の左の人さし指を木づちで思いきりたたき潰したのだ。だから気をつけろ。ルロイ先生はいい人にはちがいないが、心の底では日本人を憎んでいる。いつかは爆発するぞ。……しかしルロイ先生はいつまでたっても優しかった。そればかりかルロイ先生は、戦勝国の白人であるにもかかわらず敗戦国の子供のために、泥だらけになって野菜を作り鶏を育てている。これはどういうことだろう。

1 ――線①「こんなうわさ」について書かれている部分を文章中から抜き出し、はじめと終わりの四字を書きなさい。（句読点は字数に含む。）〔15点〕

□□□□ ～ □□□□

2 ――線②「ルロイ修道士の左の人さし指を木づちで思いきりたたき潰したのだ」とありますが、このようなことになった背景として、Ⅰ…ルロイ修道士とⅡ…監督官にはどんな意見の違いがあったのですか。それぞれの考えを簡潔にまとめて書きなさい。10点×2〔20点〕

Ⅰ　ルロイ修道士

Ⅱ　監督官

3 ――線③「すぐたち消えになった」とありますが、うわさが立ち消えになった理由を次から一つ選び、記号で答えなさい。〔15点〕

ア　ルロイ修道士は日本人を憎んでいるが、もともとどんな人にも優しく親切な人間だったから。

イ　子供たちに対するルロイ修道士の優しさは疑いようがないので、うわさが本当だとは思えなかったから。

ウ　ルロイ修道士は、あれこれ考えることよりも野菜を作り鶏を育てることに一生懸命であると気づいたから。

エ　たとえ下心があるとしても、自分たちに食べ物を食べさせてくれる人には感謝すべきだと思ったから。

□

漢字を読もう！　①冗談　②葬式　③潰れる

←答えは左ページ

「ここの子供をちゃんと育ててから、アメリカのサーカスに売るんだ。だからこんなに親切なんだぞ。あとでどっと元をとる気なんだ。」といううわさもたったが、③すぐたち消えになった。おひたしや汁の実になった野菜が私たちの口に入るところを、あんなにうれしそうに眺めているルロイ先生を、ほんの少しでも疑っては罰があたる。みんながそう思い始めたからである。

「日本人は先生に対して、ずいぶんひどいことをしましたね。交換船の中止にしても国際法無視ですし、木づちで指をたたき潰すに至っては、もうなんて言っていいか。申しわけありません。」

ルロイ修道士はナイフを皿の上に置いてから、④右の人さし指をぴんと立てた。指の先は天井をさしてぶるぶる細かく震えている。また思い出した。ルロイ修道士は、「こら。」とか、「よく聞きなさい。」とか言うかわりに、右の人さし指をぴんと立てるのが癖だった。

⑤「総理大臣のようなことを言ってはいけませんよ。だいたい日本人を代表してものを言ったりするのは傲慢です。それに日本人とかカナダ人とかアメリカ人といったようなものがあると信じてはなりません。一人一人の人間がいる、それだけのことですから。」

「わかりました。」

⑥私は右の親指をぴんと立てた。これもルロイ修道士の癖で、彼は、「わかった。」、「よし。」、「最高だ。」と言うかわりに右の親指をぴんと立てる。そのことも思い出したのだ。

〔井上（いのうえ） ひさし「握手」による〕

4 ややや難 ――線④「右の人さし指をぴんと立てた」とありますが、このしぐさはどんな意味を表していますか。□にあてはまる言葉を考えて書きなさい。〔10点〕

「私」の発言を、□意味。

5 よく出る ――線⑤「総理大臣のようなことを……それだけのことですから。」は、ルロイ修道士のどのような考え方を表していますか。適切なものを次から二つ選び、記号で答えなさい。10点×2〔20点〕

ア 日本の総理大臣の発言には賛同できないという考え方。
イ 国籍にとらわれず、個々の人間を尊重する考え方。
ウ 日本人を悪く言うのはよくないという考え方。
エ 傲慢になってはいけないという考え方。

□ □

6 よく出る ――線⑥「私は右の親指をぴんと立てた。」とありますが、このようにした「私」の心情の説明として適切なものを次から一つ選び、記号で答えなさい。〔20点〕

ア ルロイ修道士の言うことは天使園にいたときから理解していたということを、昔のルロイ修道士の癖をまねて表している。
イ ルロイ修道士の考えは深くて難しいので、ひとまずここで話を終わりにしようと決心する気持ちを表している。
ウ ルロイ修道士の癖であったしぐさをまねて答えることで、ルロイ修道士への敬愛の気持ちを表している。
エ ルロイ修道士の言葉に疑問は残るが、ルロイ修道士の癖をまねることで、逆らう気持ちはないことを表している。

□

漢字で書こう！ ①じょうだん ②そうしき ③つぶ(れる)
答えは右ページ➡

テストに出る！

予想問題 ②

解答 p.2

30分

100点

1 次の文章を読んで、問題に答えなさい。

「先生はどこかお悪いんですか。ちっとも召し上がりませんね。」

「少し疲れたのでしょう。これから仙台（せんだい）の修道院でゆっくり休みます。カナダへたつ頃は、前のような大食（ぐ）らいに戻っていますよ。」

「だったらいいのですが……。」

「仕事はうまくいっていますか。」

「まあまあといったところです。」

「よろしい。」

ルロイ修道士は右の親指を立てた。

①「仕事がうまくいかないときは、この言葉を思い出してください。『困難は分割せよ。』焦（あせ）ってはなりません。問題を細かく割って一つ一つ地道に片づけていくのです。ルロイのこの言葉を忘れないでください。」

冗談じゃないぞ、と思った。これでは遺言を聞くために会ったようなものではないか。そういえばさっきの握手もなんだか変だった。「それは実に穏やかな握手だった。ルロイ修道士は病人の手でも握るようにそっと握手をした。」というように感じたが、実はルロイ修道士が病人なのではないか。元園長はなにかの病にかかりこの世のいとま乞いにこうやってかつての園児を訪ねて歩いているのではないか。

「日本でお暮らしになっていて、②楽しかったことがあったとすれば、それはどんなことでしたか。」

「天使園で育った子が世の中に出て結婚しますね。子供が生まれます。ところがそのうちに夫婦の間がうまくいかなくなる。別居します。離婚します。やがて子供が重荷になる。そこで天使園で育った子が自分の子を、またもや天使園へ預けるために長い坂をとぼとぼ上ってやってくる。それを見るときがいっとう悲しいですね。なにも父子（おやこ）二代で天使園に入ることはないんです。」

〔井上（いのうえ）ひさし「握手」による〕

1 ——線①「仕事がうまく……忘れないでください。」というルロイ修道士の言葉を、「私」はどのようなものに感じましたか。文章中から二字で抜き出しなさい。〔15点〕

2 よく出る ——線②「楽しかったこと」とありますが、ルロイ修道士がいちばん楽しかったのは、どのようなことですか。□にあてはまる言葉を、文章中から抜き出しなさい。〔15点〕

天使園で育った子供が、

のを見ること。

3 ——線③「もちろん知っている。」とありますが、「私」がこのように言う理由を次から一つ選び、記号で答えなさい。〔15点〕

ア 上川くんと「私」は年齢が近いので、よく一緒に遊んだから。

イ 天使園に入った子供は何をするのも一緒で、兄弟同然だから。

ウ 上川一雄という姓名をつけたのは、「私」たちだから。

エ 上川くんが捨てられたところを、「私」は見てしまったから。

漢字も読もう！ ①傲慢 ②監督 ③癖

←答えは左ページ

先生は重い病気にかかっているのでしょう、そしてこれはお別れの儀式なのですね、ときこうとしたが、さすがにそれははばかられ、結局は平凡な質問をしてしまった。

「それはもうこうやっているときに決まっています。天使園で育った子供が世の中へ出て、一人前の働きをしているのを見るときがいっとう楽しい。なによりもうれしい。そうそう、あなたは③上川くんを知っていますね。上川一雄くんですよ。」

もちろん知っている。ある春の朝、天使園の正門の前に捨てられていた子だ。捨て子は春になるとぐんと増える。陽気がいいから発見されるまで長くかかっても風邪をひくことはあるまいという母親たちの最後の愛情が春を選ばせるのだ。捨て子はたいてい姓名がわからない。そこで中学生、高校生が知恵をしぼって姓名をつける。だから忘れるわけはないのである。

「あの子はいま市営バスの運転手をしています。それも天使園の前を通っている路線の運転手なのです。そこで月に一度か二度、駅から上川くんの運転するバスに乗り合わせることがあるのですが、そのときは楽しいですよ。まず私が乗りますと、こんな合図をするんです。」

ルロイ修道士は右の親指をぴんと立てた。

「私の癖をからかっているんですね。そうして私に運転の腕前を見てもらいたいのでしょうか、④バスをぶんぶんとばします。最後にバスを天使園の正門前に止めます。停留所じゃないのに止めてしまうんです。上川くんはいけない運転手です。けれども、そういうときが私にはいっとう楽しいのですね。」

⑤「いっとう悲しいときは……。」

---

4 やや難 ――線④「バスを……止めてしまうんです。」とありますが、上川くんはなぜこのようなことをすると思われますか。あてはまらないものを一つ選び、記号で答えなさい。 〔15点〕

ア　自分が一人前になったところをルロイ修道士に見せたいから。
イ　ルロイ修道士を不思議な気持ちにさせたいから。
ウ　ルロイ修道士に親しみを感じ、いたずらをしたいから。
エ　ルロイ修道士が少しでも楽に帰れるようにしたいから。

5 よく出る ――線⑤「いっとう悲しいとき」とありますが、ルロイ修道士がいちばん悲しいのは、どのようなときですか。□にあてはまる言葉を、文章中から抜き出しなさい。 10点×2〔20点〕

天使園で育った子が ⓐ□ を天使園へ ⓑ□ ためにやってくるのを見るとき。

2 ――線の「あまい」の意味をあとから一つずつ選び、記号で答えなさい。 5点×4〔20点〕

①　親は子供にあまい。
②　ハンドルのねじがあまい。
③　あまい言葉で誘う。
④　考えがあまい。

ア　いいかげんだ。
イ　快く、気を引く。
ウ　厳しくない。
エ　ゆるい。

①□ ②□ ③□ ④□

漢字で書こう！　①ごうまん　②かんとく　③くせ
答えは右ページ➡

教科書 p.40～p.43

「批判的に読む」とは

要旨

◇「批判」は、粗探しではなく、物事について冷静に考え、見分けて判断することである。文章を「批判的に読む」ことが重要。その読み方を具体的に示す。

5分間攻略ブック p.3

テストに出る! ココが要点

ぜひ身につけたい読み方（教 p.40～p.42）▶予想問題

● 文章を「批判的に読む」（＝よい・よくないを判断しながら読む）ことが重要。

- 文章や本に積極的にはたらきかけながら読む
- 筆者の意図や発想を推し測って読む
- 自分の考えをつくるために読む

テストに出る! 予想問題

解答 p.2 30分 100点

◇ 次の文章を読んで、問題に答えなさい。

吉野源三郎の『君たちはどう生きるか』の中にある一節をもとに、具体的な読み方を示してみましょう。

一つは、文章や本に積極的にはたらきかけながら読むことです。これは、「新しく知ったこと」や「共感したこと」、「疑問をもったこと」、「不思議に思ったこと」などを見つけながら読む行為です。すすんで文章に関わっていく態度をもつかどうかで、自分にとってのその文章の価値は大きく違ってきます。

次に、筆者の意図や発想を推し測って読むことです。これは、「なぜ筆者はこの話題を選んだのか」、「なぜこのような論の展開をしているのか」、「①なぜこのような言葉を用いているのか」などを考

の考え方を抜けきっているという人は、広い世の中にも、実にまれなのだ。殊に、損得に関わることになると、自分を離れて正しく判断してゆくということは、非常に難しいことで、こういうことについてすら、コペルニクス風の考え方のできる人は、非常に偉い人といっていい。たいがいの人が、手前勝手な考え方に陥って、ものの真相がわからなくなり、自分に都合のよいことだけを見てゆこうとするものなんだ。

しかし、自分たちの地球が宇宙の中心だという考えにかじりついていた間、人類には宇宙の本当のことがわからなかったと同様に、自分ばかりを中心にして、物事を判断してゆくと、世の中の本当のことも、ついに知ることができないでしまう。C大きな真理は、そういう人の目には、決して映らないのだ。

〔吉野源三郎「君たちはどう生きるか」による〕

1 よく出る 筆者は文章の読み方を三つ示しています。その読み方を端的に示している文を三つ抜き出し、はじめの三字をそれぞれ書きなさい。 10点×3〔30点〕

2 やや難 ――線①「なぜこのような言葉を用いているのか」とありますが、『君たちはどう生きるか』の中で、～～線A「コペルニクスの地動説」の例をこの本の著者があげているのはなぜだと考えら

漢字を読もう! ①吟味 ②粗探し ③偏る ←答えは左ページ

えながら読む行為です。文章の内容や表現の仕方などについて、筆者の意図や発想を推し測って読むことは、筆者が本当に伝えたいことを的確に、また豊かに捉えることに通じます。

筆者の意図や発想がわかって「そうなのか」と思うだけでは、まだ生産的な読み方とはいえません。最も重要なのは、自分の考えをつくるために読むことです。これは、筆者の主張や意見に対して、「賛成」・「反対」、「納得できる」・「納得できない」を表明していく読み方です。また、「論の展開がわかりやすい」「この例では不十分だ」「論理が飛躍しているのではないか」「全てにあてはまるのか」などを吟味・評価することです。筆者の主張や意見の内容であれ、述べ方であれ、それらについて②「私はこのように考える」といえることが重要です。その際大切なのは、理由（なぜそのように考えたのか）や、根拠（考えのもとになった言葉や事実、経験は何か）を明らかにすることです。ただ言いはるだけではいけません。

〔吉川（きっかわ）芳則（よしのり）「『批判的に読む』とは」による〕

君は、Aコペルニクスの地動説を知ってるね。コペルニクスがそれを唱えるまで、昔の人は、みんな、太陽や星が地球の周りを回っていると、目で見たままに信じていた。これは、一つは、キリスト教の教会の教えで、地球が宇宙の中心だと信じていたせいもある。しかし、もう一歩突きいって考えると、人間というものが、いつでも、自分を中心として、ものを見たり考えたりするという性質をもっているためなんだ。

（中略）

いや、B君が大人になるとわかるけれど、こういう自分中心

れますか。□にあてはまる言葉を書きなさい。〔20点〕

ことを読者に示すため。

3 自分が読んでいる文章に対して、――線②「私はこのように考える」というときに大切なのは、どのようなことですか。〔20点〕

4 『君たちはどう生きるか』の中で、～～線B「君が大人になるとわかる」と述べられているのはなぜだと考えられますか。次から一つ選び、記号で答えなさい。〔15点〕

ア 大人になると、自分中心の考え方を抜け出すことができるから。
イ 大人になる過程で、さまざまな人の考え方を知るから。
ウ 大人は、どのようなことでも正しく理解できるから。
エ 大人になるまでに、学校でさまざまなことを学ぶから。

5 ～～線C「大きな真理は、そういう人の目には、決して映らないのだ。」とありますが、この文を「批判的に読む」読み方としてあてはまらないものを次から一つ選び、記号で答えなさい。〔15点〕

ア 「大きな真理」と「世の中の本当のこと」との違いを考える。
イ 「大きな真理」の他に「小さな真理」もあるのかを考える。
ウ 「大きな真理」は自分中心の考え方をする人の目には「決して映らない」と考える。
エ 「決して映らない」と本当に断言してしまってよいのかどうかを考える。

漢字で書こう！ ①ぎんみ　②あらさが(し)　③かたよ(る)
答えは右ページ➡

教科書 p.44～p.51／p.58～p.59

間の文化
漢字のしくみ　四字熟語

5分間攻略ブック p.3／p.4

要旨

◇「間」には「空間的な間」「時間的な間」「心理的な間」があり、日本人はあらゆる分野で「間」を使いこなしている。この「間」があることによって「和」が成り立つ。

空間的な間（教 p.44～p.45）▶例題

- 「空間的な間」＝物と物とのあいだの何もない空間。
- 日本の家は本来、西洋のような壁がない。
- 日本の家は、間仕切りの建具によって仕切られる。
- 日本人は家の中の空間を自由自在につないだり仕切ったりする。

時間的な間・心理的な間（教 p.45～p.47）▶予想問題

- 「時間的な間」＝何もない時間。
- 西洋の音楽は音でうめつくされ、日本の音楽は音の絶え間が多い。
- 「心理的な間」＝人や物事とのあいだにとる心理的な距離。
- 相手とのあいだに心理的な間をおく遠慮は、日本では美徳とされる。

例題　空間的な間

日本語の「間」という言葉にはいくつかの意味がある。

まず一つは「①空間的な間」である。「隙間」「間取り」というときの「間」であるが、基本的には「物と物とのあいだの何もない空間」のことだ。絵画で何も描かれていない部分のことを余白というが、これも空間的な間である。

②**日本の家は本来、床と柱とそれを覆う屋根でできていて、壁というものがない。**これは部屋を細かく区分けし、壁で仕切り、そのうえ、鍵のかかる扉で密閉してしまう西洋の家とは異なる。西洋の個人主義はこのような個室で組み立てられた家に住んできたからこそ生まれたというのはよくわかる話である。

1 ——線①について答えなさい。

(1) よく出る　これの基本的な意味を表している言葉を抜き出しなさい。

（　　　　）

(2) 「間」の具体例として、絵画の場合、何をあげていますか。二字で抜き出しなさい。

2 ——線②のような日本の家に対し、西洋の家はどうなっていますか。

答えと解説

1 (1)物と物とのあいだの何もない空間　(2)余白

(1)同じ段落の「**基本的には……のことだ**」という部分に注目する。「隙間」や「間取り」は、その意味で「間」という言葉を使った例である。(2)絵画では「何も描かれていない部分」が「物と物とのあいだの何もない空間」ということになる。

2 区分け・壁

直後で、西洋の家について述べ

漢字を読もう！　①遠慮　②陥る　③芝居
←答えは左ページ

それでは、壁や扉で仕切るかわりに日本の家はどうするかというと、障子やふすまや戸を立てる。「源氏物語絵巻」などに描かれた王朝時代の宮廷や貴族たちの屋敷を見ると、その室内は板戸や蔀戸、ふすまや几帳などさまざまな間仕切りの建具で仕切られてはいるものの、至るところ隙間だらけである。西洋の重厚な石や煉瓦や木の壁に比べると、なんという軽やかさ、はかなさだろうか。

しかも、③**このような建具は全て季節のめぐりとともに入れたりはずしたりできる**。冬になれば寒さを防ぐために立て、夏になれば涼を得るために取りはずす。それだけでなく、住人の必要に応じて、ふだんは座敷、次の間、居間と分けて使っていても、いざ、おおぜいの客を迎えて祝宴を開くという段になると、全てをつないで大広間にすることもできる。このように日本人は昔から自分たちの家の中の空間を自由自在につないだり仕切ったりして暮らしてきた。

〔長谷川 櫂「間の文化」による〕

部屋を細かく（　　　　）し、（　　　　）で仕切っている。

3 よく出る 西洋と日本とでは、家のつくりはどう違いますか。

西洋の家は壁で細かく仕切られて、鍵のかかる扉で［　　］されているが、日本の家は［　　］だらけである。

4 ――線③について、次のとき、日本人は建具をどうしますか。入れる場合は**ア**、はずす場合は**イ**を書きなさい。

(1) 冬の寒さを防ぐとき。（　　）

(2) おおぜいの客を迎えて祝宴を開くとき。（　　）

5 日本人は家の中の空間をどのようにして暮らしてきましたか。

必要に応じて自由自在に（　　　　　　）して暮らしてきた。

られている。「**部屋を細かく区分けし、壁で仕切り**」、鍵をかけるのが西洋の家の特徴である。

3 密閉・隙間

西洋の家が壁で細かく仕切られ密閉されているのに対し、日本家屋は壁がなく、障子やふすまで必要に応じて仕切っている。西洋と日本の家のつくりの違いは**部屋を完全に仕切っているか、仕切っていないか**という点。

4 (1)ア　(2)イ

直後に、具体的に述べられている。風をさえぎりたいとき、広いスペースが必要なとき、それぞれ建具をどうするのかを読み取る。

5 つないだり仕切ったり

最後の一文の、「(季節や用途によって)日本人は……**家の中の空間を自由自在につないだり仕切ったり**して暮らしてきた」に着目。

漢字で書こう！ ①えんりょ　②おちい(る)　③しばい
答えは右ページ➡

テストに出る！ **予想問題**

解答 p.3　30分　100点

1 次の文章を読んで、問題に答えなさい。

次に、①「時間的な間（ま）」がある。「間がある」「間をおく」というように、こちらは「何もない時間」のことである。芝居や音楽では声や音のしない沈黙の時間のことを間という。

バッハにしてもモーツァルトにしても西洋のクラシック音楽は次から次に生まれては消えゆくさまざまな音によってうめつくされている。例えば、②モーツァルトの「交響曲二十五番」などを聞いていると、息を継ぐ暇もなく、ときには息苦しい。モーツァルトは沈黙を恐れ、音楽家である以上、一瞬たりとも音のない時間を許すまいとする衝動に駆られているかのように思える。

それにひきかえ、日本古来の音曲（おんぎょく）は琴であれ笛であれ鼓（つづみ）であれ、音の絶え間というものが至るところにあってのどかなものだ。その音の絶え間では松林を吹く風の音がふとよぎることもあれば、谷川のせせらぎが聞こえてくることもあるだろう。ときには、この絶え間が余りにも長すぎて、一曲終わってしまったかと思っていると、やおら次の節が始まるということも珍しくない。そんなふうに、いくつもの絶え間に断ち切られていても日本の音曲は成り立つ。

空間的、時間的な間の他にも、人や物事とのあいだにとる③「心理的な間」というものもある。誰でも自分以外の人とのあいだに、たとえ相手が夫婦や家族や友人であっても長短さまざまな心理的な距離、つまり、間をとって暮らしている。このような心理的な

音の ⓐ［　　　］が至るところにあり、ときにそれが余りに ⓑ［　　　］ることも珍しくないが、音曲として成り立っている。

4 ――線③「心理的な間」について答えなさい。

(1) これは、どのようなものですか。次から一つ選び、記号で答えなさい。〔8点〕

ア 空間的であり、同時に時間的ともいえる「間」。
イ 心の中で人や物事とのあいだにとる長短さまざまな距離。
ウ 相手と空間的な間をとらないという気づかい。
エ やりたいことが自由にできないという思い込み。

［　　］

(2) よく出る これによって、どのようなことが可能になりますか。文章中から十四字で抜き出しなさい。〔10点〕

［　　　　　　　　　　　　　　］

5 ――線④「空白地帯」とありますが、どのようなことを表していますか。次から一つ選び、記号で答えなさい。〔8点〕

ア 相手とどうしても通じ合えない部分があること。
イ 対立する立場を超えて親しみ合おうとする気持ち。
ウ お互いの存在をまだ認識していない状態。
エ お互いに踏み込まないようにしている部分。

［　　］

漢字を読もう！　①隙間　②狭い　③鍵
←答えは左ページ

間があって初めて日々の暮らしを円滑に運ぶことができる。

　日本人は「あなたは遠慮深い」と言われると、褒められたような気がする。つまり日本では遠慮は美徳とされる。遠慮とは自分のやりたいこと、利益になることをあえて辞退することだが、言いかえると、相手とのあいだに衝突を和らげる④空白地帯として心理的な間をおくことである。
　⑤「遠慮」という言葉は中国で生まれた言葉だが、中国では深謀遠慮というように「深く考えをめぐらす」という意味だった。これが海を渡って日本にもたらされると、やがて「相手のことを考えて行動を控える」という日本人特有の心理的な間を表す言葉に変わった。

〔長谷川（はせがわ）櫂（かい）「間の文化」による〕

1 ――線①「時間的な間」の意味を表している言葉を、文章中から六字で抜き出しなさい。〔8点〕

2 よく出る ――線②「モーツァルトの『交響曲二十五番』」は、どのようなことの例としてあげられていますか。次から一つ選び、記号で答えなさい。〔8点〕

ア バッハとモーツァルトは音楽が似ているという例。
イ 声や音がしない時間がある芝居や音楽の例。
ウ さまざまな音によってうめつくされた音楽の例。
エ 西洋のクラシック音楽で特に有名な作品の例。

3 日本古来の音曲には、どのような特徴がありますか。□□にあてはまる言葉を、文章中から抜き出しなさい。5点×2〔10点〕

6 ――線⑤「遠慮」とありますが、Ⅰ…「遠慮」の中国でのもともとの意味、Ⅱ…日本での意味を、このあとの文章中から抜き出しなさい。10点×2〔20点〕

Ⅰ
Ⅱ

7 やや難 この文章の内容に合うものを次から一つ選び、記号で答えなさい。〔10点〕

ア 「間」には空間的、時間的、心理的な三つの間があり、日本人はこのうちの心理的な間を重視している。
イ 「間」についての考え方が、日本は西洋と違っているが、中国は西洋と同じ考え方である。
ウ 日本では、衝突を和らげるために長短さまざまな心理的な間を置くことが美徳とされてきた。
エ 日本人の言葉の感覚は、中国で生まれた言葉を多く取り入れているために西洋よりも中国に近い。

2 よく出る **次の熟語と同じ構成の熟語をあとから一つずつ選び、記号で答えなさい。** 3点×6〔18点〕

① 一刀両断　② 都道府県　③ 三々五々
④ 千差万別　⑤ 有名無実　⑥ 老若男女（ろうにゃくなんにょ）

ア 謹厳実直（きんげんじっちょく）　**イ** 花鳥風月
ウ 内憂外患　**エ** 上下左右
オ 大器晩成　**カ** 明々白々

①	③	⑤
②	④	⑥

漢字で書こう！ ①すきま　②せま（い）　③かぎ
答えは右ページ➡

俳句の世界／俳句十句
言葉発見② 和語・漢語・外来語

要旨

◇俳句は、五七五で表現される日本の伝統的な短詩型の文学。季語や切れ字のはたらきにより、短い言葉で豊かな世界が表現できる魅力をもっている。

5分間攻略ブック p.5／p.16

テストに出る！ ココが要点

俳句の世界（教 p.63～p.64）➤ 例題

- 俳句は、五 七 五の十七音で表現される**定型詩**。
- 季節を表す**季語**を一つ入れるのが原則。
- **切れ字**は、句の切れめを明確にし、感動を深めたり調子を整えたりする言葉。「や」「かな」「けり」など。

俳句十句（教 p.66～p.67）➤ 予想問題

- **句切れ**…句の意味が切れるところ。
- **自由律俳句**…五七五や季語などの約束ごとにとらわれない俳句。
- **体言止め**…句の末尾を名詞（体言）で止める技法。
- **擬人法**…人間でないものを人間に見立てる技法。

例題 俳句の世界

桐一葉日当たりながら落ちにけり　高浜虚子

　私は知識としてこの句を知っていましたが、眼前にある落葉の名を知りませんでした。美しい落葉がゆっくりと降り続く光景が「日当たりながら落ちにけり」という詩句を記憶の底から引っぱり出してくる。これが俳人虚子の描写力なのだ！　と鳥肌が立ちました。

　俳句を勉強するようになって、この句は「一物仕立て」という技法によるものだということを知りました。①**十七音全部で季語のことだけを描写する方法**ですが、実際に作ってみると、どのように作っても、似たような発想・言葉の句（類想類句）になってしまい、これが実に難しいのです。リアリティに満ちた一物仕立て

1 「桐一葉……」の俳句の季語とその季節は何ですか。

季語…（　　）

季節…（　　）

2 筆者は、どのような光景を見たときに、「桐一葉……」の俳句を思い出しましたか。

（　　）

3 よく出る ――線①は、何という技法ですか。

答えと解説

1 桐一葉・秋

「桐一葉」は秋の季語だが、**葉が落ちる**ということからも秋の情景を描いているとわかる。

2 美しい落葉がゆっくりと降り続く光景

「美しい落葉がゆっくりと降り続く光景」を見たとき、落葉の名を知らなかった筆者に、「知識として」知っていた「桐一葉……」の句が「記憶」から呼び覚まされた。

3 一物仕立て

漢字を読もう！　①刺激　②鮮やか　③脳裏
←答えは左ページ

の句を作るのは、私には難しく苦しく感じられました。
俳句を作るのが俄然(がぜん)楽しくなったのは「取り合わせ」という技法を学んでからです。季語を描写するのではなく、季語とは関係のないフレーズと季語を取り合わせる手法です。

秋つばめ包(パオ)[②]のひとつに赤ん坊　　黒田(くろだ)杏子(ももこ)

読んだ瞬間、私は行ったこともないモンゴルの大平原にワープして、大陸の乾いた爽やかな風の中、南へ帰っていくつばめを仰ぐ自分を感じました。秋つばめの飛び交う青空の下には、モンゴルの移動式住居、包(パオ)が見えてきます。いくつか並ぶ包(パオ)の一つに赤ん坊がいるのです。赤ん坊は眠っているようにも笑っているようにも思えます。秋つばめという季語と包(パオ)の中にいる赤ん坊が取り合わせられることで、一句の世界に人の営みが描かれ、奥行きが生まれ、動いていく季節の手触りが伝わる。十七音の文字列にすぎない俳句には、読み手の目や耳や鼻に、色や音や匂いをありありと再現させる力がある。俳句ってすごいなあ！　かっこいいなあ！　と感嘆しました。
私たちは日常的に五感を使って暮らしています。季語が伝える五感情報にほんの少し心を傾けるなら、誰にでもその豊かな世界を開いてくれる、俳句とはそんな広やかな文学なのです。〔夏井(なつい)いつき「俳句の世界」による〕

4 よく出る ――線①の他に、筆者は文章中で何という技法をあげていますか。
（　　　　）

5 ――線②とは何ですか。
（　　　　）

6 「秋つばめ……」の俳句から、どのような情景が読み取れますか。
青空に（　　　）が飛び交う下、（　　　）包(パオ)の一つに（　　　）がいる情景。

7 筆者は、俳句をどのようなものだとまとめていますか。選びなさい。
ア　季語と関係のないフレーズと季語を取り合わせて、豊かな世界を開くもの。
イ　私たちの五感に働きかけて、豊かな世界を開いてくれる広やかなもの。
ウ　十七音全部で季語のことだけを描写し、五感情報を伝えてくれるもの。（　　）

「この句は『一物仕立て』……知りました」から読み取る。

4 取り合わせ
「**季語とは関係のないフレーズと季語を取り合わせる手法**」が「取り合わせ」である。

5 モンゴルの移動式住居
「モンゴルの移動式住居、包(パオ)が見えてきます」とある。

6 秋つばめ・いくつか並ぶ・赤ん坊
俳句の情景を筆者は、「秋つばめの飛び交う青空の下」「いくつか並ぶ包(パオ)の一つに赤ん坊がいるのです。」と説明している。

7 イ
「……まとめていますか。」と問われているので、文章の最後に注目。「季語が伝える**五感情報**にほんの少し心を傾けるなら、誰にでもその**豊かな世界を開いてくれる**、俳句とはそんな**広やかな文学**」であると述べている。

漢字で書こう！　①しげき　②あざ（やか）　③のうり
答えは右ページ➡

テストに出る！

予想問題

解答 p.3

30分

/100点

1 次の俳句を読んで、問題に答えなさい。

A 囀(さえず)りをこぼさじと抱く大樹かな　星野(ほしの)立子(たつこ)

B 菜の花がしあはせさうに黄色して　細見(ほそみ)綾子(あやこ)

C 万緑(ばんりょく)の中や吾子(あこ)の歯生(そ)え初むる　中村(なかむら)草田男(くさたお)

D 芋の露①連山影(れんざんかげ)を正しうす　飯田(いいだ)蛇笏(だこつ)

E 星空へ店より林檎(りんご)あふれをり　橋本(はしもと)多佳子(たかこ)

F ②いくたびも雪の深さを尋ねけり　正岡(まさおか)子規(しき)

G 小春日や石を噛(か)み居(い)る赤蜻蛉(あかとんぼ)　村上(むらかみ)鬼城(きじょう)

H 分け入つても分け入つても青い山　種田(たねだ)山頭火(さんとうか)

〔「俳句十句」による〕

5 Aの俳句に用いられている表現技法を次から一つ選び、記号で答えなさい。〔3点〕

ア 擬人法　**イ** 直喩

ウ 倒置　**エ** 対句

6 Aの俳句の「こぼさじ」の意味を次から一つ選び、記号で答えなさい。〔3点〕

ア こぼしそうだ　**イ** こぼすまい

ウ こぼしたい　**エ** こぼされた

7 よく出る Cの俳句では、鮮やかな色の二つのものが対比されています。その二つのものを抜き出しなさい。完答〔4点〕

［　　］と［　　］

8 Dの俳句は何句切れですか。〔5点〕

9 ——線①「連山影を正しうす」とありますが、どんな様子を表していますか。次から一つ選び、記号で答えなさい。〔4点〕

ア 山々が霧に隠れてぼんやりとしている様子。

イ 山々が太陽の光を浴びて輝いている様子。

ウ 山々の影が風でかき乱されている様子。

エ 山々の姿が整然と並び、くっきりと見える様子。

漢字を読もう！ ①爽やか ②聴覚 ③瞬間
←答えは左ページ

1 よく出る A〜Fの俳句の季語とその季節を答えなさい。 完答3点×6〔18点〕

	季語	季節		季語	季節
A			B		
C			D		
E			F		

2 Hのように、五七五の定型や季語などにとらわれない俳句を何といいますか。漢字五字で書きなさい。 〔4点〕

3 A〜Hの中から体言止めが用いられている俳句をすべて選び、記号で答えなさい。 〔4点〕

4 A〜Hの中から切れ字が用いられている俳句を四つ選び、記号と切れ字を答えなさい。 完答3点×4〔12点〕

記号	切れ字	記号	切れ字

10 やや難 ――線②「いくたびも」には、作者のどんな気持ちが表れていますか。□にあてはまる言葉を、考えて答えなさい。 〔5点〕

病床にあって、自分で□ことができないもどかしさ。

11 よく出る 次の解説にあてはまる俳句をA〜Hから一つずつ選び、記号で答えなさい。 5点×6〔30点〕

① 近景と遠景の対比により、雄大(ゆうだい)な自然が詠(よ)まれている。
② 天のものと地上のものとのみずみずしい出会いを描いている。
③ 季節のいぶきに自分の子供の生命感を重ね合わせている。
④ 冬でありながらも暖かい日の、小さな命に目を留めている。
⑤ リズム感のある表現の中に、歩き続ける孤独な姿が感じられる。
⑥ 一つの色の様子を、情感のある言い方で印象的に表現している。

2 次の〔　〕で指示された言葉を書きなさい。 2点×4〔8点〕

① 泳ぎ ― 水泳 ― 〔外来語〕
② 〔和語〕 ― 過失 ― ミス
③ 昼飯 ― 〔漢語〕 ― ランチ
④ 幸せだ ― 〔漢語〕 ― ハッピーだ

漢字で書こう！ ①さわ(やか) ②ちょうかく ③しゅんかん
答えは右ページ➡

希望

教科書 p.78〜p.83

主題

◆恐ろしい戦争の時代を、希望を失わずに生き延びたスタシャックさん。彼の孫娘カロリーナと現代の若者は、希望に満ちていて生きる力を与えてくれる。

5分間攻略ブック p.6

ココが要点

スタシャックさんの生還と希望（教 p.80〜p.81）▼予想問題

- ナチスの狂気、**アウシュビッツ**絶滅強制収容所からの生還。
- 鋼鉄のような神経に**希望**が流れている限り、人間は耐えられる。
- 孫娘のカロリーナは、スタシャックさんが**生還できたことの証明**と、**未来の希望**。→筆者は、戦争を生き延びた世代の**希望**と、カロリーナと現代の若者がもつ**未来の希望**を重ね合わせている。

テストに出る！予想問題

解答 p.4

30分

100点

◇ 次の文章を読んで、問題に答えなさい。

　スタシャックさんは半世紀前、ナチスの狂気と残虐性を象徴するあのアウシュビッツ絶滅強制収容所を脱出し、数人の仲間と一緒に村人にかくまわれて、やっと自由を得た。

　①彼の妻エルナさんは、その村の娘だった。彼女はユダヤ人ではなかったが、ナチスの余りにもむごい残虐な行為を黙って見過ごせなかった。

「私が助けたのは、塩のためでも、土地のためでもなかった。金銭をもらうためではなかったということです。何よりも、心の痛みに耐えきれなかったからです。」

　そういうエルナさんにスタシャックさんの第一印象を尋ねると、

1 ――線①「彼の妻エルナさんは、その村の娘だった。」とありますが、エルナさんがスタシャックさんを助けたのは、なぜですか。□にあてはまる言葉を、文章中から抜き出しなさい。　10点×2〔20点〕

ⓐ［　　　　］を黙って見過ごすことができず、何よりもⓑ［　　　　］から。

2 ――線②「スタシャックさんは、いったいどのようにして生き延びたのだろうか」について答えなさい。

(1) 生き延びることができた理由を、スタシャックさんはどのように語っていますか。次から一つ選び、記号で答えなさい。〔15点〕

ア 人間は本来強い存在であり、心に希望がある限りはどんなことにも耐えることができるから。

イ 人間は神のような他の力によってではなく、主に運によって大きく左右されるものだから。

ウ 人間はたとえ希望を失った場合でも、信頼する人の助けによって希望をもつようになるから。

エ 人間はもともと弱い存在だが、希望をもちたいと願い続けることで強い存在に変われるから。

［　　］

漢字を読もう！　①束縛　②逮捕　③崩れる

←答えは左ページ

衝撃を思い出すようにこう言った。

「彼は目もよく見えないようだったし、歩き方もよたよたしていて、五十歳くらいかと思いました。ところがなんと、まだ二十代だったんですよ。」

殺害、餓死、病死などの恐怖と直面させられていた②スタシャックさんは、いったいどのようにして生き延びたのだろうか。

「多くの人たちが連合軍が助けてくれるとか、神が救ってくれるとか、他の力に期待していました。でも私には、希望だけが大切でした。人間は鋼鉄のように強い神経をもっている。その神経に絶えず希望という小川が流れている限り、人間は耐えられるのです。」

むろん運もある。が、それだけではない。強い意志と人間への信頼感、それに友達の助け、生き残れるという自信も必要だった。また、労働の現場が屋根の下だったか外だったかも生死を左右したと、生還した人たちは口々に語ってくれた。

戦後、腕に刻まれた青黒い囚人番号を抱えながら、スタシャックさんは新たな希望と使命感に燃えて政治家になった。が、まもなくさまざまな圧力を受けて、学者の道を選んだ。

「③私にとってかけがえのないものは、孫娘のカロリーナです。私が生還できたことの証明と、未来の希望が彼女にはあるからです。」

八重桜のたもとを通った若者たちの後ろで、花弁が舞った。花に向けたレンズの焦点を合わせていると、④ファインダーの中にほほえむカロリーナが見えたような気がした。〔大石(おおいし)芳野(よしの)「希望」による〕

---

(2) スタシャックさんのように、恐怖と直面させられていた人たちが生き延びるために必要だったものとして、筆者は何をあげていますか。文章中から二つ、十二字と十字で抜き出しなさい。15点×2〔30点〕

3 やや難 ——線③「私にとってかけがえのないものは、孫娘のカロリーナです。」とありますが、それはなぜですか。〔20点〕

4 よく出る ——線④「ファインダーの中にほほえむカロリーナが見えたような気がした」とありますが、ここから読み取れる筆者の思いとして適切なものを次から一つ選び、記号で答えなさい。〔15点〕

ア カロリーナと、それ以外の現代の若者との違いを、戦争という問題を通して考えていきたいという思い。

イ カロリーナと現代の若者の様子から、戦争の恐ろしい時代とは全くつながりのない今の平和をかみしめる思い。

ウ 過去の恐ろしい時代でも希望が生きる力となり、カロリーナや現代の若者にも受け継がれているのだという思い。

エ カロリーナと現代の若者を見て、戦争の恐ろしさを知らない現代の若者たちを頼りないと感じる思い。

漢字で書こう！ ①そくばく ②たいほ ③くず(れる)
答えは右ページ➡

教科書 p.88〜p.97／p.99〜p.101

フロン規制の物語――〈杞憂〉と〈転ばぬ先の杖〉のはざまで
言葉発見③ 慣用句・ことわざ・故事成語

要旨

◇ある物質を使うことがよいか悪いかは、科学の新たな発見や技術開発による状況の変化によって異なってくる。それを使うヒトの知恵が求められている。

5分間攻略ブック p.7

テストに出る！ ココが要点

〈杞憂〉か〈転ばぬ先の杖〉か（教 p.92〜p.93）▶予想問題

●フロン問題についての議論は、科学者どうしだけでなく、立場の違う人たちの間での論争となった。

●フロンの規制には多くの議論があり、〈杞憂〉という考え方と〈転ばぬ先の杖〉という考え方がある。

科学とのつき合い方（教 p.94〜p.95）▶例題

●フロンの代わりの代替フロンにも問題があることが明らかになり、更に「代替すること」が求められている。

●科学は修正されたり補完されたりして変化するもの。人間には科学的な思考力と柔軟な想像力が求められている。

例題 科学とのつき合い方

二〇一二年秋、世界気象機関（WMO）は、南極上空のオゾン層が回復しつつあると発表しました。フロン禁止の効果が出ているのかもしれません。しかし問題はまだ解決されたわけではありません。実は、特定フロンが禁止されたことから、①「**代替フロン**」と呼ばれるフロンが、新たに開発されました。これは、性能は②**従来のフロン**に劣るものの、オゾン層に対する悪影響が非常に少ないと推測されていました。ところがその後、これらの物質が、地球温暖化の原因になることが明らかになったのです。そのため、③「**代替フロン**を更に「**代替すること**」」が急がれています。

以上のように、新しい科学的な知識や技術を得ることで、私たちの生活は豊かになるのと同時に、思いも寄らない問題に遭遇することがあります。それまでよ

1 ――線①が開発されたのは、それまでのフロンにどんな問題があったからですか。選びなさい。

ア オゾン層を破壊するという問題。
イ 十分な性能が得られないという問題。
ウ 地球温暖化の原因になるという問題。

（　　）

2 ――線②とは何ですか。選びなさい。

ア 特定フロン
イ 代替フロン
ウ 代替フロンの代替品

（　　）

答えと解説

1 ア

「南極上空の**オゾン層が回復**しつつある」からそれまでのフロンがオゾン層を破壊していたことがわかる。代替フロンはオゾン層への悪影響は少ないが、のちに**地球温暖化の原因**であることがわかる。

2 ア

特定フロン→代替フロン→代替フロンの代替品、の順で開発・研究されている。**代替フロンの時点での従来品**は、一つ前の「特定フロン」である。

漢字を読もう！ ①厄介 ②必須 ③僅か
←答えは左ページ

かれと思ってやってきたことが、別の新しい問題の原因だった、というように。〈杞憂(きゆう)〉と〈転ばぬ先の杖(つえ)〉を峻別(しゅんべつ)することは簡単ではありません。しかし少なくとも、④**科学的に正しいと思われたことも、今後の科学の営みにより、修正されたり、補完されたりして変化する場合**があるという事実は、心にとめておくべきことでしょう。

また、このような問題を考えるときは、それが「誰にとって」「どのような意味で」、よいのかあるいは悪いのか、ということを考えることが大切です。フロンの例からわかるように、本質的に、よい物質、悪い物質があるわけではありません。社会の中で、それらがどう生かされるか、いわば⑤**ヒトとモノの関係性によって、よくも悪くもなる**のです。私たちは、科学的な思考力と、それを社会の中で生かすための柔軟な想像力を、ともに学んでいく必要があります。そのような⑥**知恵**をつけていくことが今、求められているのです。

〔神里(かみさと)達博(たつひろ)「フロン規制の物語――〈杞憂(きゆう)〉と〈転ばぬ先の杖(つえ)〉のはざまで」による〕

---

3 ――線③には、どのようなことが条件として必要ですか。

オゾン層に対する（　　　　）が少なく、（　　　　）など別の問題も生じないこと。

4 ――線④の例を述べた次の文の□にあてはまる言葉を選びなさい。

それまでよかれと思ってやってきたことが、□だった、という場合。

ア　この先も検討する余地のないもの
イ　別の新しい問題を含んだもの
ウ　補完する必要が全くないもの

（　　）

5 よく出る ――線⑤とは、どういうことですか。

モノの価値は、社会の中でどう（　　　　）かで決まるということ。

6 よく出る ――線⑥とは、どのようなものですか。七字と六字で二つ抜き出しなさい。

□□□□□□□
□□□□□□

---

3 悪影響・地球温暖化

代替フロンが開発されたときの問題と、代替フロンに生じた新たな問題の両方を解決することが条件となる。

4 イ

特定フロンも代替フロンも、重宝されていたが、新しい問題を含んでいることがわかり評価が変化した。「よかれと思って……」の部分の内容に合うものを選ぶ。

5 生かされる

物質そのものに、絶対的なよしあしがあるわけではない。直前の「**社会の中で、それらがどう生かされるか**」が問題となっている。

6 科学的な思考力
柔軟な想像力

「そのような」とあるので、指示内容を読み取る。直前の一文にある「科学的な思考力と、それを社会の中で生かすための柔軟な想像力」から必要な部分を抜き出す。

漢字で書こう！　①やっかい　②ひっす　③わず(か)
答えは右ページ➡

テストに出る！

予想問題

解答 p.4

30分

100点

1 次の文章を読んで、問題に答えなさい。

その当時起こった①論争をみていきましょう。まず、スプレー缶のフロンは必須のものではないのだから規制すべきではないか、という主張が注目を集めました。フロンの製造会社は当初、この主張に強く反対しました。事実、一九七四年の段階では、代表的な製造会社であるアメリカのB社の首脳は、議会において「オゾン層破壊に関する仮説は現在のところ、具体的な証拠が何もなく、単なる推論である。」と証言しています。

その後、議論は科学者どうしのみならず、企業や政治家、マスメディアをも巻き込む、②大きな論争に発展していきました。フロンの規制は、科学的な議論だけでは必ずしも白黒がつかないうえに、今そこにいる人だけでなく、将来生まれてくる子供たちも含めた、全ての人々に大いに影響がある重大事です。したがって、その議論に参加する資格は科学者だけでなく一般の人々みんなにあると考えられるでしょう。立場の違う人たちの間での議論は、結論に至るまでに困難が多いとはいえ、非常に重要なことです。

モントリオールへの道

多くの議論のすえ、アメリカでは一九七八年、フロンをスプレー缶に使用することが初めて禁止され、カナダや北欧諸国などがそれに続きました。これは、次のような考え方に基づいていました。「フロンによるオゾン層破壊によって被害を受ける可能性は、不

(2) (1)に対して、フロンの製造会社はどのような意見でしたか。□にあてはまる言葉を、文章中から六字で抜き出しなさい。〔10点〕

□□□□□□が何もないので、規制すべきではない。

2 ――線②「大きな論争に発展していきました」とありますが、このことについて、筆者はどのような感想をもっていますか。次から一つ選び、記号で答えなさい。〔10点〕

ア 将来にわたって影響があるので、まず経過を観察すべきだ。
イ さまざまな立場からの意見があり困難だが、議論は重要だ。
ウ 議論だけでは役に立たないので、すぐ実行に移すべきだ。
エ 大勢で議論すると時間ばかりかかり、有意義ではない。

3 よく出る ――線③「〈転ばぬ先の杖〉という考え方」とは、ここではどのような考え方のことをいっていますか。□にあてはまる言葉を、文章中から抜き出しなさい。〔15点〕

□はかなり高いのだから、用心しようという考え方。

4 ――線④「『それは〈杞憂〉ではないのか』という意見」とありますが、これはどのような意見ですか。次から一つ選び、記号で答えなさい。〔10点〕

ア フロンは害よりも利益が大きいので、積極的に使うべきだ。
イ フロンは害があるが、自然の自浄力からすれば問題ない。
ウ フロンが悪いとはっきりしていないのに、心配しすぎだ。
エ フロンがオゾン層を破壊するというのは仕方がない。

漢字を読もう！ ①遭遇 ②不明瞭 ③腐る
←答えは左ページ

明な部分もあるが、かなり高い。だから将来、後悔しないために私たちが今、行動をしよう。」

これはいわば③〈転ばぬ先の杖〉という考え方です。一方で、④「それは〈杞憂〉ではないのか」という意見も根強くありました。これほど便利なフロンを、不確実な根拠でやめてしまってよいのだろうか、というのです。

しかしこれは杞憂ではありませんでした。⑤その証拠を初めて見つけたのは、日本の南極観測隊でした。一九八二年、昭和基地における観測で、上空のオゾン量が異常に少なくなっていることがわかったのです。その後、イギリスのチームも、同様の観測結果を得て、マスコミによって「オゾンホール」と名づけられました。当初は北米や北欧以外の国では余り関心がもたれなかったオゾン層破壊の問題は、世界的な広がりをもっていきました。そして、一九八七年、世界六〇か国以上の代表が集まり、⑥「モントリオール議定書」という国際的なルールが締結されました。これによって、一部のフロン（特定フロン）の製造や使用が段階的に規制されることになったのです。

〔神里達博「フロン規制の物語――〈杞憂〉と〈転ばぬ先の杖〉のはざまで」による〕

1 ――線①「論争」について答えなさい。

(1) はじめに出された主張はどのようなものでしたか。文章中から抜き出しなさい。〔10点〕

5 よく出る ――線⑤「その証拠」について答えなさい。

(1) どのようなことが証拠となりましたか。文章中の言葉を使って書きなさい。〔10点〕

(2) この証拠によって、どのような動きがありましたか。次から一つ選び、記号で答えなさい。〔10点〕

ア　アメリカでスプレー缶へのフロン使用が禁止された。
イ　北米や北欧などでもフロンの使用が禁止された。
ウ　フロンとオゾン層との関係の研究が進んだ。
エ　オゾン層破壊の問題が世界的に広がった。

6 やや難 ――線⑥「モントリオール議定書」では、どのようなルールが締結されましたか。三十字以内で書きなさい。〔15点〕

2 ――線の慣用句の使い方が適切なものを次から一つ選び、記号で答えなさい。〔10点〕

ア　試合が終わったあとは、お茶をにごして楽しく過ごす。
イ　たくさんのごちそうで満腹になって、さじを投げた。
ウ　ぬかるみにあげ足をとられながらも、ひたすら走った。
エ　気が置けない仲間と旅行をするのは楽しいものだ。

漢字で書こう！　①そうぐう　②ふめいりょう　③くさ(る)
答えは右ページ➡

教科書 p.108～p.117

和歌の世界
——万葉集・古今和歌集・新古今和歌集

確認

◇和歌は、五音・七音のリズムに乗せて、人の心を伝えるために詠み継がれてきた。特に優れた歌をまとめた三つの歌集は「三大和歌集」と呼ばれている。

5分間攻略ブック p.8／p.16

テストに出る!

ココが要点

和歌の技法

- **枕詞**…特定の言葉の前におかれる決まった言葉。
- **序詞**…枕詞と違う、ある語句を導き出す言葉。
- **掛詞**…一つの言葉に同音異義語の二つ以上の意味をもたせる言葉。
- **縁語**…一つの言葉に縁のある言葉を使って表現する。
- **反歌**…長歌のあとに、内容を補足したりまとめたりする歌。

作品

- **万葉集**…現存する日本最古の歌集で、奈良時代末期に成立。天皇から無名の民衆の歌まで広く収録。
- **古今和歌集**…最初の勅撰和歌集で、平安時代に成立。
- **新古今和歌集**…八番めの勅撰和歌集で、鎌倉時代初期に成立。

例題　万葉・古今・新古今

◇万葉集◇

A
あしひきの山のしづくに妹待つと我立ち濡れぬ
山のしづくに
大津皇子

B
瓜食めば子ども思ほゆ
栗食めばまして偲はゆ
いづくより来たりしものそ
まなかひにもとなかかりて
安眠しなさぬ
山上憶良

1 ——線は枕詞ですが、どの言葉に係っていますか。
（　　　）

2 Bの歌にはどのような思いが詠まれていますか。選びなさい。

ア 子供は少し目を離すといたずらをするので、落ち着かないという思い。
イ どのようなときも、愛する子供のことを気にし続けているという思い。
ウ 今日は、かわいい子供に何を食べさせてあげようかと迷っている思い。
（　　　）

答えと解説

1 山

枕詞は、**必ず決まった言葉に係る**。他に「ひさかたの」→「光、空、日」などがある。

2 イ

「瓜食めば子ども思ほゆ」「栗食めばまして偲はゆ」は、瓜や栗を食べているとき、つまり、**どのようなときでも**、**子供のことが思われる**ということ。**愛する子供を思う親の気持ち**が歌われている。**五・七**の音数を繰り返し、**五・七・七**で終わる形式の歌を、**長歌**という。

漢字を読もう!　①浅瀬　②優れる　③頭文字
←答えは左ページ

C　銀も金も玉も何せむにまされる宝子にしかめやも

◇古今和歌集◇

D　人はいさ心も知らずふるさとは花ぞ昔の香ににほひける
紀貫之

◇新古今和歌集◇

E　玉の緒よ絶えなば絶えねながらへば忍ぶることの弱りもぞする
式子内親王

〔「和歌の世界――万葉集・古今和歌集・新古今和歌集」による〕

3　Bに添えられた、Cのような歌を何といいますか。
（　　　）

4　よく出る　Dの歌では、何と何を対比させていますか。考えて書きなさい。

変わらない ⓐ□□□と、
変わりやすい ⓑ□□□。

5　Eの歌に用いられている技法を選びなさい。
ア　縁語　**イ**　枕詞　**ウ**　序詞
（　　　）

6　よく出る　Eの歌にはどのような思いが詠まれていますか。選びなさい。
ア　恋のライバルに対するうらみ。
イ　恋が成就しないことへのあせり。
ウ　秘密の恋を忍ぶつらさ。
（　　　）

3　反歌
反歌は、長歌のあとに添えて、内容を補ったり、まとめたりする歌。子供にまさる宝はないということが添えられている。

4　ⓐ例花の香　ⓑ例人の心
人の心はどうかわからないが、なじみの土地の花は昔の香りのまま変わらない、という意味の歌。**「ぞ……ける」の係り結び**で、その変わりのなさを強調している。

5　ア
「玉」は「魂」のこと。「魂の緒」で**生命**という意味。「絶え」「ながらへ」「弱り」は「緒」の縁語である。

6　ウ
私の命など絶えてしまえ、生き長らえていると、恋を人に知られないよう耐え忍ぶ力が弱ってしまうから、という歌。**忍ぶ恋のつらさ**を感じさせる歌である。

漢字で書こう!　①あさせ　②すぐ(れる)　③かしらもじ
答えは右ページ➡

テストに出る！

予想問題

解答 p.5　30分　100点

1

次の和歌を読んで、問題に答えなさい。

A　君待つと吾が恋ひをれば我が屋戸のすだれ動かし秋の風吹く　額田王

B　近江の海夕波千鳥汝①が鳴けば心もしのに古思ほゆ　柿本人麻呂

C　②多摩川にさらす手作りさらさらに何そこの児のここだ愛しき　東歌

D　③父母が頭かき撫で幸くあれて言ひし言葉ぜ忘れかねつる　防人歌

E　思ひつつ寝ればや人の見えつらむ④夢と知りせば覚めざらましを　小野小町

F　世の中は何か常なる⑤あすか川昨日の淵ぞ今日は瀬になる　詠み人知らず

G　見わたせば花も紅葉もなかりけり浦の苫屋の秋の夕暮れ　藤原定家

〔「和歌の世界——万葉集・古今和歌集・新古今和歌集」による〕

6　——線⑤「あすか川」は掛詞です。この言葉がもつもう一つの意味を書きなさい。〔5点〕

7　Gの歌の、意味の切れめはどこにありますか。切れるところの直前の五字を抜き出しなさい。〔5点〕

8　よく出る　次の解説にあてはまる歌をA～Gから一つずつ選び、記号で答えなさい。　7点×5〔35点〕

① 辺境の地で親の愛を思う気持ちを、素朴な言葉で表している。
② ひろびろとした風景の中、昔をなつかしむ思いを詠んでいる。
③ もの寂しい海浜の風景に美を見いだしている。
④ ある娘へのいとしさが募る様子をほのぼのと詠んでいる。
⑤ 変わらぬものなどないのだという無常観を表している。

①　②　③　④　⑤

2

次の文章を読んで、問題に答えなさい。

やまとうたは、人の心を種として、
よろづの言の葉とぞなれりける。
世の中にある人、ことわざ繁きものなれば、
心に思ふことを、見るもの聞くものにつけて、

漢字を読もう！　①浦風　②澄む　③古今和歌集
←答えは左ページ

1 Aの歌には、作者のどんな様子が表れていますか。次から一つ選び、記号で答えなさい。〔5点〕

ア 待っていた恋人の訪問を喜んでいる様子。
イ 秋の訪れを心から待ち焦がれている様子。
ウ 季節の移り変わりに驚いている様子。
エ 恋しい人の訪問を心から待ち焦がれている様子。

2 ——線①「汝」とは、何のことですか。〔5点〕

3 ——線②「多摩川にさらす手作り」の表現技法の説明になるように、□にあてはまる言葉を書きなさい。5点×2〔10点〕

「ⓐ□」を導き出すⓑ□である。

4 ——線③「父母」は、作者に何と言ったのですか。和歌の中から抜き出しなさい。〔5点〕

5 やや難 ——線④「夢と知りせば覚めざらましを」を現代語に直しなさい。〔10点〕

言ひ出だせるなり。
花に鳴くうぐひす、水にすむかはづの声を聞けば、生きとし生けるもの、いづれか歌をよまざりける。
力をも入れずして天地（あめつち）を動かし、
目に見えぬ鬼神（おにがみ）をもあはれと思はせ、
男女（をとこをんな）のなかをも和らげ、
猛き（たけき）武士（もののふ）の心をも慰む（なぐさむ）るは歌なり。
〔紀貫之（きのつらゆき）「古今和歌集（こきんわかしゅう） 仮名序（かなじょ）」による〕

1 この文章では、次のものは何にたとえられていますか。文章中からそれぞれ一字で抜き出しなさい。5点×2〔10点〕

Ⅰ やまとうた… □　Ⅱ 人の心… □

2 よく出る ——線「いづれか歌をよまざりける」の意味を次から一つ選び、記号で答えなさい。〔5点〕

ア どの歌を詠むのか。
イ どちらかが歌を詠んだ。
ウ 全てが歌を詠む。
エ どれも歌を詠まない。

3 筆者の歌に対する考えとして適切なものを次から一つ選び、記号で答えなさい。〔5点〕

ア 歌とは、鬼などの異形のものも呼び寄せてしまうものである。
イ 歌とは、あらゆるものを落ち着かせ、感じさせるものである。
ウ 歌とは、煩雑な事柄を簡単にして伝えるためのものである。
エ 歌とは、生きているものなら皆が学ばなければならないものである。

漢字で書こう！ ①うらかぜ ②す（む） ③こきんわかしゅう
答えは右ページ➡

おくのほそ道
言葉発見④ 言葉の現在・過去・未来

主題

◇旅へのあこがれ、悠久の自然に比べてあまりにもはかない人間の営み、美しく静寂な情景に対する感動。芭蕉が旅をしたときの思いがつづられた紀行文である。

⇒5分間攻略ブック p.9／p.17

ココが要点

作品「おくのほそ道」

- 作者…**松尾芭蕉**。江戸時代前期の俳人。俳諧を文学として確立。
- 成立…**江戸**時代。
- 種類…**紀行文**。江戸から奥羽・北陸を経て、大垣までの六百里（約二千四百キロ）、約百五十日間に及ぶ旅行記。

特徴

- **漢文調**…地の文は格調高い文章になっている。
- **俳句**…文章中の随所に絶妙に配置されている。同行していた河合曾良の俳句もみられる。
- **蕉風**…芭蕉とその門流の俳句の作風のことをいう。

例題 おくのほそ道

◇**月日は**◇

月日は百代の過客にして、行き交ふ年もまた旅人なり。舟の上に生涯を浮かべ、馬の口とらへて老いを迎ふる者は、日々旅にして旅をすみかとす。①**古人**も多く旅に死せるあり。予もいづれの年よりか、片雲の風に誘はれて、漂泊の思ひやまず、海浜にさすらへて、去年の秋、江上の破屋にくもの古巣を払ひて、やや年も暮れ、春立てるかすみの空に、白河の関越えむと、②**そぞろ神の物につきて心を狂はせ、道祖神の招きにあひて、取るもの手につかず**。もも引きの破れをつづり、笠の緒付け替へて、三里に灸据ゆるより、松島の月まづ心にかかりて、住めるかたは人に譲りて、杉風が別

1 ――線①とは、ここではどのような人のことですか。選びなさい。

ア 芭蕉の敬愛する詩人や歌人たち。
イ 芭蕉の先祖にあたる人たち。
ウ 仕事を退職した年老いた人たち。

（　　）

2 ――線②は、芭蕉のどのような気持ちを表していますか。

（　　　　）に出たくてたまらず、落ち着かない気持ち。

答えと解説

1 ア

古人とは、芭蕉が慕っていた歌人たちで、具体的には唐の詩人杜甫、歌人西行法師などを指す。「古人も旅を続けながら死んでいった」というのは**旅をすみかにした生き方**であったということである。

2 旅

人の心を落ち着かなくさせるそぞろ神が乗り移ってそわそわとさせられ、**何も手につかない**、という様子。道祖神は道行く人の安全を守る神で、**旅の願望**を思わせる。

漢字を読もう！ ①麓　②巡る　③別荘
←答えは左ページ

野に移るに、

③草の戸も住み替はる代ぞひなの家

面八句を庵の柱に懸け置く。

◈おくのほそ道◈

A　さみだれをあつめて早し最上川

B　行く春や鳥啼き魚の目は泪

C　蛤のふたみにわかれ行く秋ぞ

D　荒海や佐渡によこたふ天の河

〔松尾芭蕉「おくのほそ道」による〕

3 よく出る ——線③の俳句は、どのような気持ちを表していますか。考えて書きなさい。

簡素なわび住まいだった庵も、今度は女の子のいる家族が住んで、

（　　　　）ことだろう。

4 よく出る この文章から感じられる芭蕉の人生観を選びなさい。

ア 人の世はむなしいものである。

イ 人の毎日の暮らしは旅のようなものだ。

ウ 人生のいちばんの楽しみは旅である。

（　　）

5 A～Dの俳句のⅠ…季語とⅡ…季節を答えなさい。

A　Ⅰ（　　）　Ⅱ（　　）

B　Ⅰ（　　）　Ⅱ（　　）

C　Ⅰ（　　）　Ⅱ（　　）

D　Ⅰ（　　）　Ⅱ（　　）

3 例にぎやかになる

「ひなの家」とは、**ひな人形を飾るような家**、ということ。芭蕉が住んでいたときにはなかったものである。

4 イ

「月日は百代の**過客**」「行き交ふ年もまた**旅人**」「日々**旅**にして**旅をすみかとす**」など、人生そのものを「**旅**」と捉えている。

5

A　Ⅰさみだれ　Ⅱ夏

B　Ⅰ行く春　Ⅱ春

C　Ⅰ行く秋　Ⅱ秋

D　Ⅰ天の河　Ⅱ秋

A「さみだれ」は「五月雨」とも書く。旧暦では一月から三か月ごとに春夏秋冬の季節に区切るので、五月は**夏**。B・C「行く春」「行く秋」は、**春・秋**の終わり頃。D「天の河」は七夕の季節（七月）なので**秋**。

漢字で書こう！　①ふもと　②めぐ（る）　③べっそう

答えは右ページ➡

テストに出る！

予想問題

解答 p.5

30分

100点

1

次の文章を読んで、問題に答えなさい。

三代の栄耀一睡のうちにして、大門の跡は一里こなたにあり。秀衡が跡は田野になりて、金鶏山のみ形を残す。まづ高館に登れば、北上川南部より流るる大河なり。衣川は和泉が城を巡りて、高館の下にて大河に落ち入る。泰衡らが旧跡は、衣が関を隔てて南部口をさし固め、蝦夷を防ぐと見えたり。さても義臣すぐってこの城にこもり、功名一時の草むらとなる。国破れて山河あり、城春にして草青みたりと、笠うち敷きて時の移るまで涙を落としはべりぬ。

夏草やつはものどもが夢の跡

卯の花に兼房見ゆるしらがかな　曾良

〔松尾芭蕉「おくのほそ道」による〕

1 ――線①「一睡のうちにして」は、どのような内容を表現していますか。次から一つ選び、記号で答えなさい。〔5点〕

ア ゆっくりと過ぎ去って　**イ** 夢のようにはかなくて

ウ もうろうとしていて　**エ** 夢のように美しくて

2 芭蕉は、秀衡の館の跡は現在何になっていると言っていますか。〔5点〕

2

次の文章を読んで、問題に答えなさい。

山形領に立石寺といふ山寺あり。慈覚大師の開基にして、殊に清閑の地なり。一見すべきよし、人々の勧むるによりて、尾花沢よりとつて返し、その間七里ばかりなり。日いまだ暮れず。麓の坊に宿借り置きて、山上の堂に登る。岩に巌を重ねて山とし、松柏年ふり、土石老いて、苔滑らかに、岩上の院々扉を閉ぢて物の音聞こえず。岸を巡り岩を這ひて、仏閣を拝し、佳景寂寞として心澄みゆくのみおぼゆ。

閑かさや岩にしみ入る蟬の声

〔松尾芭蕉「おくのほそ道」による〕

1 〰〰線ⓐ・ⓑを現代仮名遣いに直し、全て平仮名で書きなさい。5点×2〔10点〕

ⓐ

ⓑ

2 よく出る ――線①「おぼゆ」を、現代語に直しなさい。〔5点〕

3 芭蕉が立石寺を訪れた理由が書かれている部分を文章中から二十字以内で抜き出し、はじめと終わりの五字を書きなさい。〔5点〕

～

4 この文章に描かれている立石寺の説明として適切なものを次から一つ選び、記号で答えなさい。〔5点〕

漢字も読もう！　①生涯　②漂泊　③譲る

←答えは左ページ

3 ――線②「高館に登れば」とありますが、そこから芭蕉が眺めた情景について書かれている部分を文章中から抜き出し、はじめと終わりの五字を書きなさい。（句読点は字数に含む。）〔5点〕

～

4 やや難 芭蕉は、泰衡らの館がどのような役目を果たしていたように見えたと言っていますか。文章中の言葉を使って書きなさい。〔10点〕

5 よく出る ――線③「涙を落としはべりぬ」とありますが、芭蕉が涙を流したのはなぜですか。次から一つ選び、記号で答えなさい。〔5点〕

ア　人間の営みのはかなさが改めて身にしみたから。
イ　目の前に広がる雄大（ゆうだい）な景色を見て感動したから。
ウ　愚かな戦いを繰り返す人間に怒りを感じたから。
エ　死んでいった兵士たちをかわいそうに思ったから。

6 よく出る ――線④の俳句は、芭蕉がどのようなことを思って詠（よ）んだものですか。□にあてはまる言葉を、文章中から抜き出しなさい。5点×3〔15点〕

戦いでⓐ□□を立てても、ほんのⓑ□□のことで、今はその跡すら消えうせ、一面のⓒ□□□になっている。

7 ――線⑤の俳句では、「卯の花」から何を連想していますか。俳句の中の言葉を使って六字で書きなさい。〔10点〕

---

5 立石寺を参拝した芭蕉の思いを表している言葉を、文章中から十二字で抜き出し、はじめの五字を書きなさい。〔5点〕

ア　往来のはげしい街道沿いに建つ、由緒（ゆいしょ）正しい立派な寺。
イ　高い山の上に堂々と建つ、参詣（さんけい）者でにぎわっている寺。
ウ　街の近くの丘の上に建つ、今にも朽ち果てそうな寺。
エ　険しい山の上にひっそりと建つ、古びて落ち着いた寺。

6 よく出る ――線②「閑かさや……」の俳句に詠（よ）まれている情景として適切なものを次から一つ選び、記号で答えなさい。〔5点〕

ア　それまでの静寂が、突然の蝉の声によって破られている。
イ　山の暑苦しい空気を、たくさんの蝉の声が象徴している。
ウ　静けさが、蝉の声によっていっそうきわ立っている。
エ　雄大（ゆうだい）な風景が、蝉の声によって力強さを増している。

3 言葉の現在・過去・未来について、正しくないものを一つ選び、記号で答えなさい。〔10点〕

ア　言葉は、過去から現在まで、小さな使われ方の差はあるものの、おおむね意味が変わっていない。
イ　平安時代の言葉を現代と比べると、すでに使われていない言葉がたくさんある。
ウ　言葉は、人々の間で使われるにつれて、変化してきた歴史があり、現在も変わり続けている。
エ　古典の言葉と現代の言葉とでは、同じ言葉でも示す意味が違っているものがある。

漢字で書こう！ ①しょうがい　②ひょうはく　③ゆず（る）
答えは右ページ➡

論語
漢文の読み方　訓読の仕方の確認

確認

◆「論語」は、中国の思想家、孔子とその弟子たちの言行を記録したものである。仁（真心、思いやり）を中心にした儒教の思想は、多くの人々に影響を与えた。

5分間攻略ブック p.17

テストに出る！
ココが要点

漢文の読み方

漢文を日本語として読むことを「**訓読**」という。

- **白文**……不知道（もとの漢字だけの文章）
- **訓読文**…不レ知レ道。（訓点がつけられたもの）
- **書き下し文**…道を知らず。（訓読文を漢字仮名交じりの日本語の文章として書き改めたもの）

返り点

- レ点…1 3レ 2。（一字だけ上の字に返る）
- 一・二点…1 2 5二 3 4一。（二字以上離れた上の字に返る）
- 上・下点…6下 1 4二 2 3一 5上。（一・二点をはさんで下から上に返る）

※**置き字**…訓読する際には読まない文字。而・于・於など。

例題　論語

子曰、②「**吾十有五而志二于学一。**三十而立。③**四十而不レ惑。**五十而知二天命一。六十而耳順。七十而従二心所一レ欲、不レ踰レ矩。」（為政）

①子曰はく、「吾十有五にして学に志す。三十にして立つ。四十にして惑はず。五十にして天命を知る。六十にして耳順ふ。七十にして心の欲する所に従へども、矩を踰えず。」と。

子曰はく、④「**故きを温めて新しきを知る**。以て師と

1 ——線①は誰のことですか。
（　　　　）

2 ——線②の中から置き字を二つ抜き出しなさい。
□　□

3 ——線③の意味を選びなさい。

ア 四十歳で、心に迷いがなくなった。
イ 四十歳までは全く迷わなかった。
ウ 四十歳になって迷うことが増えた。
（　　）

答えと解説

1 例孔子

「論語」で「子」（先生）といえば「孔子」のこと。「論語」は弟子が孔子とのやりとりを記録したもの。

2 而・于（順不同）

置き字とは、**訓読する際には読まない文字**のこと。

3 ア

十五歳で学問を志し、三十歳で学問の基礎を確立し、**四十歳で惑うことがなくなり**……という内容である。

漢字を読もう！　①施す　②弟子　③与える
←答えは左ページ

為るべし。」と。

子曰、「温故而知新。可以為師矣。」（為政）

子曰はく、「学びて時に之を⑤習ふ、⑥亦説ばしから**ずや**。[　　　]、亦楽しからずや。人知らずして慍みず、亦君子ならずや。」と。

子曰、「学而時習之、不亦説乎。⑦有朋自遠方来、不亦楽乎。人不知而不慍、不亦君子乎。」（学而）

〔『論語』による〕

4 よく出る ——線④の意味を書きなさい。

（　　　）ことに習熟して、そこから新しい（　　　）を引き出す。

5 ——線⑤の意味を選びなさい。

ア　まねする。
イ　暗記する。
ウ　復習する。

（　　　）

6 ——線⑥の意味を選びなさい。

ア　ちっともうれしくない。
イ　なんとうれしいことではないか。
ウ　きっと喜ぶべきことなのだろう。

（　　　）

7 よく出る ——線⑦の書き下し文を書きなさい。

（　　　）

4 例古い・例知識
昔のことをしっかりと深く学び、その中から**新しい知識を見つけて身につけていく**。そうすれば人の先生となることができる、という内容である。

5 ウ
学問をするだけでは、本当の知識や教養は身につかない。それを**復習する**ことで、身についた確かな教養となるのだということ。

6 イ
「〜からずや」で否定の反語表現になっている。**うれしくないということがあろうか、いや、とてもうれしい**、ということを表現している。

7 朋、遠方より来たる有り
上・下点にはさまれて一・二点がある。6 1 4 2 3 5 **の順に読む**。

漢字で書こう！　①ほどこ（す）　②でし　③あた（える）
答えは右ページ➡

テストに出る！ 予想問題

解答 p.6　30分　100点

次の文章を読んで、問題に答えなさい。

子曰はく、「吾十有五にして学に志す。①三十にして立つ。四十にして惑はず。五十にして天命を知る。六十にして②耳順ふ。七十にして［　　　］、③矩を踰えず。」と。

子曰、「吾十有五而志于学。三十而立。四十而不惑。五十而知天命。六十而耳順。七十而④従心所欲、不踰矩。」（為政）

子曰はく、「⑤故きを温めて新しきを知る。以て師と為るべし。」と。

子曰、「温故而知新。可以為師矣。」（為政）

子曰はく、「⑥己の欲せざる所、人に施すこと勿かれ。」と。

子曰、「己所不欲、勿施於人。」（衛霊公）

4 ――線④「従心所欲」を書き下し文に直しなさい。〈10点〉

5 ――線⑤「故きを温めて新しきを知る。」について答えなさい。

(1) 書き下し文にしたがって、返り点と送り仮名をつけなさい。〈5点〉

温故而知新。

(2) これは、どのような人に必要な態度ですか。〈10点〉

(3) よく出る この言葉からできた四字熟語を書きなさい。〈5点〉

6 ――線⑥「己の欲せざる所、人に施すこと勿かれ。」の意味を書きなさい。〈10点〉

7 ――線⑦「朋」とは、どのような人物ですか。適切なものを次から一つ選び、記号で答えなさい。〈5点〉

ア 同じ志をもち、一緒に学んだ人物。
イ 遠くからでも駆けつけて助けてくれる人物。
ウ 遠くへ引っ越してしまって二度と会えない人物。
エ 人々のために力を尽くす慈悲深い人物。

漢字を読もう！ ①影響 ②四十歳 ③紹介
←答えは左ページ

子曰はく、「学びて時に之を習ふ、亦説ばしからずや。⑦朋、遠方より来たる有り、⑧亦楽しからずや。人知らずして⑨慍みず、⑩亦君子ならずや。」と。

子曰、「学而時習之、不亦説乎。有朋自遠方来、不亦楽乎。人不知而不慍、不亦君子乎。」（学而）

〔「論語」による〕

1 ――線①「三十にして立つ。」とありますが、何が確立したのですか。次から一つ選び、記号で答えなさい。〔5点〕

ア 学問を学ぶ志。
イ 学問の基礎。
ウ 自らの人格。
エ 自分に合った職業。

2 ――線②「耳順ふ」の意味を次から一つ選び、記号で答えなさい。〔5点〕

ア 他人の言葉を聞かなくても真理がわかるようになった。
イ 他人が言ったとおりに行動するようになった。
ウ 他人の言葉を素直に聞き入れられるようになった。
エ 他人のために自分を犠牲にして働くようになった。

3 よく出る ――線③「矩を踰えず」とは、どのような意味ですか。簡潔に書きなさい。〔5点〕

8 ――線⑧「亦楽しからずや」の意味を書きなさい。〔10点〕

9 やや難 ――線⑨「慍みず」とは、「不満を抱かない」という意味ですが、ここでは、どんなことに不満を抱かないということですか。〔10点〕

10 よく出る ――線⑩「君子」とは、どのような人物ですか。適切なものを次から一つ選び、記号で答えなさい。〔10点〕

ア 愚かな人物。
イ 裕福な人物。
ウ 徳の高い人物。
エ 権力をもった人物。

11 「学びて時に之を習ふ……」の文章の内容をまとめた次の文の、□にあてはまる言葉を書きなさい。5点×2〔10点〕

孔子は、ⓐ□ことの喜びと、世間に評価されなくても学び続けることがⓑ□には求められるということを述べている。

漢字で書こう！ ①えいきょう ②よんじっ（じゅっ）さい ③しょうかい
答えは右ページ➡

情報社会を生きる――メディア・リテラシー
文法の窓　表現につながる文法

テストに出る！ ココが要点

メディア・リテラシーとは（教 p.144～p.145）▼予想問題

●メディアの情報を建設的に「批判」する能力。
●自分の考えを表現し、メディア社会と積極的につき合うための能力。
→メディアが形づくる「現実」を批判的に読み取り、メディアを使って効果的に表現していく総合的な能力。

要旨

◆メディアが送り出す情報は、現実そのものではなく、物事の一面でしかない。だから送り手にも受け手にも、メディア・リテラシーが求められる。

5分間攻略ブック p.10／p.18

テストに出る！ 予想問題

解答 p.6　30分　100点

1 次の文章を読んで、問題に答えなさい。

①メディア・リテラシーとは、メディアの特性や社会的な意味を理解し、メディアが送り出す情報を「構成されたもの」として建設的に「批判」する能力である。と同時に、自らの考えなどをメディアを使って表現し、社会に向けてコミュニケーションを図ることで、メディア社会と積極的につき合うための能力でもある。言いかえれば、メディアが形づくる「現実」を批判的に読み取るとともに、メディアを使って効果的に表現していく総合的な能力といってもよいだろう。

メディア・リテラシーの重要なポイントは、メディアから送り出される情報は②現実そのものではなく、「送り手の観点から捉えたものの見方だ」という点にある。

ニュース報道を例に取ってみよう。ニュースは、私たちが政治・

1 よく出る ――線①「メディア・リテラシー」について説明した次の文の□A・Bにあてはまる言葉を、文章中からAは十字、Bは八字で抜き出しなさい。　10点×2〔20点〕

メディアの情報を「構成されたもの」として□A能力であると同時に、自らの考えなどをメディアを使って表現し、社会とコミュニケーションをとりメディア社会と□Bための能力。

A □□□□□□□□□□
B □□□□□□□□

2 やや難 ――線②「現実そのもの」とは、ニュース報道の例では、どのようなものですか。文章中から十九字で抜き出しなさい。〔15点〕

□□□□□□□□□□□□□□□□□□□

3 ――線③「編集機能」とは、どのようなことですか。あてはまるものを次から一つ選び、記号で答えなさい。〔20点〕

ア　報道の解説者に完全な中立の立場の人を起用すること。
イ　ニュースに見出しをつけ、写真や映像を組み合わせること。
ウ　海外のニュースを日本のテレビで見ること。
エ　情報を積極的に読み解き、内容を吟味すること。

□

漢字も読もう！　①恣意的　②視聴者　③把握
←答えは左ページ

経済の動きや海外の動向をチェックするうえで重要な役割を果たしているが、もちろんそこで取り上げられているのは、社会をそのまま鏡のように映し出したものではない。ニュースといえども、どんなテーマをどんな視点から取り上げ、誰に取材し、コメントのどんな部分をどう使って、どのように構成するのかによって、受け手にとっての見え方は変わってくる。

　報道は、関係者や専門家の意見を交えて事件やできごとを説明することも多いが、その人が「当事者」なのか否かや、「賛成者」なのか「反対者」なのかをみると、伝えられた情報がどんな視点から切り取られたかがわかる。また、そのニュースにどんなタイトルや見出しをつけているか、どんな映像や写真を組み合わせているかに目を向けると、送り手はどのようなものの見方を伝えようとしているかが捉えやすくなる。こうした、制作過程における情報の取捨選択や③編集機能が理解できれば、メディアが伝えていることは世の中のほんの一面であること、それらは多様な受け止め方が可能であることがわかる。そう認識することで、メディアの情報をうのみにせず、冷静に判断することもできるというわけだ。

　私たちは、ふだん、何か新しいことを知るためや、疑問を解決するため、考える材料を得るためなどに、メディアを活用して情報を集めている。その際、どんな立場から、どんな情報源を使って発信されているか、なぜそうしているのかなどについて、積極的に読み解いていくことが重要だ。そして、できる限り多様なメディアからの多様な情報を収集・分析・吟味することをとおして、主体的に情報を再構成していくことが求められる。

〔菅谷（すがや）明子（あきこ）「情報社会を生きる——メディア・リテラシー」による〕

4 メディア・リテラシーを身につけるために、どのような観点でニュースを見比べるとよいですか。あてはまらないものを一つ選び、記号で答えなさい。〔15点〕

ア どのような場面の映像や写真を組み合わせているか。
イ 映像や構成において、どちらのニュースに親しみがもてたか。
ウ タイトルや見出しに表れている送り手の着眼点。
エ どのような事実を、どのような立場から伝えているか。

□

5 よく出る この文章の筆者の考えに合うものを次から一つ選び、記号で答えなさい。〔20点〕

ア メディアをよく知らずに利用するのは愚かなことである。
イ メディアの情報には根拠がない場合が多く、信用できない。
ウ メディアの情報を読み解き、再構成することが必要である。
エ メディアは、私たちが情報を冷静に判断できるか試している。

□

2 □にあてはまる言葉として、自然な表現に感じられるものをあとから選び、記号で答えなさい。 完答5点×2〔10点〕

(1)
① ほんとだ、駅に近づく□、家が多くなるね。
② 会議が進行する□、議論が白熱していきます。

ア にしたがって
イ と

①□ ②□

(2)
① 記念演奏会を本日、市民会館□開催いたします。
② このあと河原□キャッチボールをしようよ。

ア において
イ で

①□ ②□

漢字で書こう！ ①しいてき ②しちょうしゃ ③はあく
答えは右ページ➡

教科書 p.156～p.158／p.160～p.161

初恋
言葉発見⑤ 相手や場に配慮した言葉遣い

テストに出る！ ココが要点

詩の特徴

● 昔の言葉で、音数やリズムにきまりのある詩→文語定型詩
● 音数のリズムは七音・五音を繰り返す→七五調
● 四つの連からなる。
「起」…「君」との出会いと「君」の印象
「承」…恋の始まりのできごと
「転」…恋が成就した喜び
「結」…「君」との恋心の通い合い

作者

● 作者…島崎藤村　● 代表作…『若菜集』・『夜明け前』など。

テストに出る！ 予想問題

解答 p.7　30分　/100点

1 次の詩を読んで、問題に答えなさい。

初恋　島崎 藤村

まだあげ初めし前髪の
①林檎のもとに見えしとき
前にさしたる花櫛の
②花ある君と思ひけり

主題

◆林檎畠で会った、花のように美しい「君」への思いがかなった喜びをうたっている。二人のういういしい恋のイメージが、甘ずっぱい林檎に重ねられている。

4 よく出る ——線②「花ある君」とはどういう意味ですか。次から一つ選び、記号で答えなさい。〔5点〕

ア 花櫛をさしている君。
イ 林檎の花を手に持っている君。
ウ 花のようにとても美しい君。
エ 花のようにはかない君。

□

5 やや難 ——線④「わがこころなき……かかるとき」とありますが、これを——線③「やさしく白き……あたへしは」と比べると、二人の距離にどのような変化がみられますか。簡潔に書きなさい。〔10点〕

□

6 ——線⑤「たのしき恋……酌みしかな」で用いられている表現技法は何ですか。次から一つ選び、記号で答えなさい。〔5点〕

ア 直喩　イ 隠喩
ウ 擬人法　エ 体言止め

□

7 よく出る ——線⑥「おのづからなる細道」とは、どういうことですか。次から一つ選び、記号で答えなさい。〔10点〕

ア 二人が会いに通って、自然に道ができたということ。
イ 以前からあって、人々に便利に使われているということ。
ウ 林檎の木が何かの動物の巣になっているということ。
エ みんなで踏み固めて、計画的に造った道だということ。

□

漢字を読もう！ ①薄紅　②初める　③初恋
←答えは左ページ

③やさしく白き手をのべて
林檎をわれにあたへしは
薄紅（うすくれなゐ）の秋の実に
人こひ初めしはじめなり

④わがこころなきためいきの
その髪の毛にかかるとき
⑤たのしき恋の盃（さかづき）を
君が情（なさけ）に酌（く）みしかな

林檎畠（ばたけ）の樹（こ）の下（した）に
⑥おのづからなる細道は
誰（た）が踏みそめしかたみぞと
⑦問ひたまふこそこひしけれ

1 よく出る この詩の形式を次から一つ選び、記号で答えなさい。〔5点〕

ア 口語自由詩　イ 口語定型詩　ウ 口語散文詩
エ 文語自由詩　オ 文語定型詩

2 この詩のリズムは、「五七調」「七五調」のどちらですか。〔5点〕

（　　）調

3 ――線①「林檎」を言いかえた表現を、詩の中から六字で抜き出しなさい。〔5点〕

8 ――線⑦「問ひたまふ」について答えなさい。5点×2〔10点〕

(1) 誰が誰に尋ねたのですか。詩の中から抜き出しなさい。

（　　）が（　　）に尋ねた。

(2) よく出る 何と尋ねたのですか。現代語で書きなさい。〔10点〕

9 四つの連の内容を次から一つずつ選び、記号で答えなさい。5点×4〔20点〕

ア 初恋の始まりのやりとり。
イ 共有された恋の深まり。
ウ 少女との出会いの強い印象。
エ 成就（じょうじゅ）した恋に酔いしれる。

第一連（　）　第二連（　）　第三連（　）　第四連（　）

2 次の言葉を敬語に直して（　）に入れるとき、適切なものをあとから一つずつ選び、記号で答えなさい。5点×3〔15点〕

① 言う
あなたが（　　）とおりにいたします。

② 食べる
どうぞご自由に（　　）ください。

③ 行く
私が直接受け取りに（　　）。

ア いただいて　イ おっしゃる　ウ いらっしゃいます
エ 申す　オ 召し上がって　カ まいります

漢字で書こう！　①うすくれない　②そ(める)　③はつこい
答えは右ページ➡

故郷

教科書 p.162〜p.177

主題

「私」の故郷の思い出は、打ち砕かれ、幼なじみの閏土との間には「悲しむべき厚い壁」を感じる。「私」は、若者たちが新しい生活をもつことに希望をつないでいる。

5分間攻略ブック p.11

テストに出る！

ココが要点

閏土との再会（教 p.169〜p.171）➤ **予想問題 1**

記憶の中の閏土と、目の前にいる閏土との違いにとまどう「私」。

● 艶のいい丸顔→黄ばんだ色、深いしわ、目の周りが腫れている。

● 血色のいい丸々した手→太い、節くれ立った、ひび割れた手。

●「閏ちゃん」「迅ちゃん」兄弟の仲→「だんな様！」と呼んだ。

故郷との別れと未来への希望（教 p.172〜p.174）➤ **例題・予想問題 2**

水生と宏児の仲が、まるで昔の閏土と「私」のようである。

● 美しい思い出を失った古い家は名残惜しい気がしない。

● 若い世代には新しい生活をもってほしい。

● 多くの人が希望をもてば、やがて実現するだろう。

例題　故郷との別れと未来への希望

母と宏児とは寝入った。

私も横になって、船の底に水のぶつかる音を聞きながら、今自分は、自分の道を歩いているとわかった。思えば私と閏土との①**距離は全く遠くなった**が、若い世代は今でも心が通い合い、現に宏児は水生のことを慕っている。②**せめて彼らだけは、私と違って、互いに隔絶することのないように**……とはいっても、彼らがひとつ心でいたいがために、私のように、無駄の積み重ねで魂をすり減らす生活をともにすることは願わない。また閏土のように、打ちひしがれて心がまひする生活をともにすることも願わない。また他の人のように、やけを起こして野放図に走る生活をともにすることも願わない。希望をいえば、彼らは新しい生活をも

1 ——線①の意味を選びなさい。

ア 住んでいるところが離れた。
イ 心が通い合わなくなった。
ウ 欲しいものが同じでなくなった。
（　　）

2 ——線②で、「私」は若い世代の未来にどのような生活を願っていますか。選びなさい。

ア 無駄の積み重ねで魂をすり減らす生活。
イ 打ちひしがれて心がまひする生活。
ウ やけを起こして野放図に走る生活。
エ 私たちの経験しなかった新しい生活。
（　　）

答えと解説

1 イ

境遇の違いから、「私」と閏土は、**心を通わせることができなくなってしまった**。「若い世代は今でも心が通い合い」とあることに注目。

2 エ

「新しい生活」を「**希望**をいえば」として示しているのに対し、これまでに知っている三つの生活については「……**願わない**」と繰り返している。

漢字を読もう！　①塀　②溺愛　③怪しい
←答えは左ページ

たなくてはならない。私たちの経験しなかった新しい生活を。

希望という考えが浮かんだので、③**私はどきっとした**。たしか閏土が香炉と燭台(しょくだい)を所望したとき、私はあいかわらずの④**偶像崇拝**だな、いつになったら忘れるつもりかと、心ひそかに彼のことを笑ったものだが、今私のいう希望も、やはり手製の偶像にすぎぬのではないか。ただ彼の望むものはすぐ手に入り、⑤**私の望むもの**は手に入りにくいだけだ。

まどろみかけた私の目に、海辺の広い緑の砂地が浮かんでくる。その上の紺碧(こんぺき)の空には、金色の丸い月がかかっている。思うに希望とは、もともとあるものともいえぬし、ないものともいえない。それは⑥**地上の道**のようなものである。もともと地上には道はない。歩く人が多くなれば、それが道になるのだ。

〔魯迅(ろじん)／竹内好(たけうちよしみ)訳「故郷」による〕

3 ――線③で、「私」はどのようなことに気づいて「どきっとした」のですか。二十七字で抜き出し、はじめと終わりの三字を書きなさい。

□□□～□□□

4 よく出る ――線④で、「私」は「偶像」をどのようなものだと考えていますか。選びなさい。

ア 過去の栄光をかたどった記念品。
イ 願いを何でもかなえてくれる存在。
ウ 願っているだけで実体のないもの。

（　　）

5 よく出る ――線⑤は、何ですか。五字で抜き出しなさい。

□□□□□

6 ――線⑥とありますが、「私」の希望は、道にたとえると、どうなれば成立するのですか。

（　　　　　　　）それが道になる。

3 今私の～ないか

「偶像崇拝」とは、神仏をかたどった像を信仰の対象とするもの。現実を変えようともせずに祈るだけの閏土に「私」は批判的だったが、**自分の希望も、結局は同じ**ことだと気づいたのである。

4 ウ

閏土の考える「偶像」と、「私の考える希望」とは、どのような点で同じだといえるのかを考える。どちらも、信じたところで**実際には何も変わらない**、というのが「私」のこのときの考えである。

5 新しい生活

「希望をいえば、」で始まる文から抜き出す。せめて若い世代には新しい生活をもってほしい、と望んでいる。

6 歩く人が多くなれば

――線⑥以降が道にたとえた部分になる。困難であっても、多くの人が望めば手に入らないものではないと考えている。

漢字で書こう！　①へい　②できあい　③あや(しい)
答えは右ページ➡

テストに出る！

予想問題 1

次の文章を読んで、問題に答えなさい。

解答 p.7　30分　100点

ある寒い日の午後、私は食後の茶でくつろいでいた。表に人の気配がしたので、振り向いてみた。思わずあっと声が出かかった。急いで立ち上がって迎えた。

来た客は閏土（ルントー）である。ひとめで閏土とわかったものの、①その閏土は、私の記憶にある閏土とは似もつかなかった。背丈は倍ほどになり、昔の艶のいい丸顔は、今では黄ばんだ色に変わり、しかも深いしわがたたまれていた。目も、彼の父親がそうであったように、周りが赤く腫れている。私は知っている。海辺で耕作する者は、一日中潮風に吹かれるせいで、よくこうなる。頭には古ぼけた毛織りの帽子、身には薄手の綿入れ一枚、全身ぶるぶる震えている。紙包みと長いきせるを手に提げている。その手も、私の記憶にある血色のいい丸々した手ではなく、太い、節くれだった、しかもひび割れた、松の幹のような手である。

私は感激で胸がいっぱいになり、しかしどう口をきいたものやら思案がつかぬままに、ひと言、

「ああ、閏（ルン）ちゃん――よく来たね……。」

続いて言いたいことが、あとからあとから、数珠（じゅず）つなぎになって出かかった。角鶏（チアオチー）、跳ね魚、貝殻、猹（チャー）……だがそれらは、②何かでせき止められたように、頭の中を駆け巡るだけで、口からは出なかった。

彼は突っ立ったままだった。③喜びと寂しさの色が顔に現れた。

1 ――線①「その閏土は、私の記憶にある閏土とは似もつかなかった」について答えなさい。

(1) 「私の記憶にある閏土」の様子がわかる言葉を、文章中から二つ抜き出しなさい。　10点×2〔20点〕

(2) 子供の頃の「私」と閏土の間柄を表した言葉を、文章中から四字で抜き出しなさい。〔10点〕

(3) よく出る　変わり果てた閏土の姿から想像できる暮らしぶりとして、適切なものを次から一つ選び、記号で答えなさい。〔10点〕

ア　貧しさに嫌気がさし、働くことを放棄している。
イ　長年厳しい労働を続けているが、生活は苦しい。
ウ　みすぼらしく年老いて、働くことさえできない。
エ　貧しさに心もすさみ、荒れた生活をしている。

2 ――線②「何かでせき止められたように……口からは出なかった」とありますが、このとき「私」はどのような気持ちだったのですか。適切なものを次から一つ選び、記号で答えなさい。〔10点〕

ア　閏土へのなつかしさと、思い出話をすることへのむなしさ。
イ　変わり果てた閏土への失望と、貧しい暮らしぶりへの同情。
ウ　何から話すべきかという迷いと、疲れている閏土への遠慮。
エ　閏土と再会できた喜びと、変わり果てた姿へのとまどい。

漢字を読もう！　①崇拝　②英雄　③頬骨
←答えは左ページ

唇が動いたが、声にはならなかった。最後に、恭(うやうや)しい態度に変わって、はっきりこう言った。

「だんな様！……。」

④私は身震いしたらしかった。⑤悲しむべき厚い壁が、二人の間を隔ててしまったのを感じた。私は口がきけなかった。

彼は、後ろを向いて、「水生(シュイション)、だんな様におじぎしな。」と言って、彼の背に隠れていた子供を前へ出した。これぞまさしく三十年前の閏土であった。いくらか痩せて、顔色が悪く、銀の首輪もしていない違いはあるけれども。「これが五番めの子でございます。世間へ出さぬものですから、おどおどしておりまして……。」

母と宏児(ホンル)が二階から降りてきた。話し声を聞きつけたのだろう。

「ご隠居様、お手紙は早くにいただきました。全く、うれしくてたまりませんでした、だんな様がお帰りになると聞きまして……。」と、閏土は言った。

「まあ、なんだってそんな、他人行儀にするんだね。おまえたち、昔は兄弟の仲じゃないか。昔のように、迅(シュン)ちゃん、でいいんだよ。」と、母はうれしそうに言った。

「めっそうな、ご隠居様、なんとも……とんでもないことでございます。あの頃は子供で、なんのわきまえもなく……。」そしてまたも水生を前に出しておじぎさせようとしたが、子供ははにかんで、父親の背にしがみついたままだった。

〔魯迅(ろじん)／竹内好(たけうちよしみ)訳「故郷」による〕

3 ――線③「喜びと寂しさの色が顔に現れた。」とありますが、閏土は、どのようなことに対してⅠ…「喜び」とⅡ…「寂しさ」を感じたのですか。それぞれ書きなさい。 10点×2〔20点〕

Ⅰ

Ⅱ

4 よく出る ――線④「私は身震いしたらしかった。」とありますが、ここには「私」のどのような気持ちが表れていますか。適切なものを次から一つ選び、記号で答えなさい。〔10点〕

ア 昔と違った謙虚な閏土の態度に感動している。
イ 親しみを示さない閏土に嫌悪(けんお)感を覚えている。
ウ 思いがけない閏土の言葉に強い衝撃を受けている。
エ 本心を見せようとしない閏土を恐ろしく思っている。

5 ――線⑤「悲しむべき厚い壁」について答えなさい。

(1) 二人の間の「壁」を象徴している閏土の言葉を、文章中から抜き出しなさい。〔10点〕

(2) やや難 「悲しむべき厚い壁」とは、二人の間のどのようなものをたとえた言葉ですか。□にあてはまる言葉を、考えて書きなさい。〔10点〕

「私」と閏土との□。

漢字で書こう！ ①すうはい ②えいゆう ③ほおばね
答えは右ページ➡

テストに出る！

予想問題 ②

次の文章を読んで、問題に答えなさい。

解答 p.8

30分

100点

「おじさん、僕たち、いつ帰ってくるの？」

「帰ってくる？　どうしてまた、行きもしないうちに、帰るなんて考えたんだい？」

「だって、水生（シュイション）が僕に、家へ遊びに来いって。」

大きな黒い目をみはって、彼はじっと考えこんでいた。

①私も、私の母も、はっと胸を突かれた。そして話がまた閏土（ルントー）のことに戻った。母はこう語った。例の豆腐屋小町（こまち）の楊（ヤン）おばさんは、私の家で片づけが始まってから、毎日必ずやってきたが、おととい、灰の山からわんや皿を十個余り掘り出した。あれこれ議論の末、それは閏土が埋めておいたにちがいない、灰を運ぶとき、一緒に持ち帰れるから、という結論になった。楊おばさんは、この発見を手柄顔に、「犬じらし」（これは私たちの所で鶏を飼うのに使う。木の板に柵を取り付けた道具で、中に食べ物を入れておくと、鶏は首を伸ばしてついばむことができるが、犬にはできないので、見てじれるだけである。）をつかんで飛ぶように走り去った。纏足（てんそく）用の底の高い靴で、よくもと思うほど速かったそうだ。

②古い家はますます遠くなり、故郷の山や水もますます遠くなる。だが名残惜しい気はしない。自分の周りに目に見えぬ高い壁があって、その中に自分だけ取り残されたように、気がめいるだけである。すいか畑の銀の首輪の小英雄のおもかげは、もとは鮮明このうえなかったのが、今では急にぼんやりしてしまった。これもたまらなく悲しい。

1 よく出る　——線①「私も、私の母も、はっと胸を突かれた。」のは、なぜですか。□にあてはまる言葉を、文章中から抜き出しなさい。　5点×2〔10点〕

宏児と水生の関係に、かつて ⓐ□ を通い合わせていた「私」と閏土の姿を見て、いずれ彼らも互いに ⓑ□□ してしまうのではないかと思ったから。

2 ——線②「古い家はますます遠くなり」から始まる段落に表れている「私」の心情を次から一つ選び、記号で答えなさい。〔15点〕

ア　故郷の人々にまたいつか再会できることを心から望んでいる。

イ　貧しい故郷を見捨てて去る自分を、ひきょうだと感じている。

ウ　故郷とそこに暮らす人々に対して失望し、孤独を感じている。

エ　故郷への未練は捨て、新しい生活への希望に満ちている。

□

3 故郷と「私」の関係を、たとえを用いて表している一文を文章中から抜き出し、はじめの五字を書きなさい。〔10点〕

□□□□□

4 ——線③「彼らは新しい生活をもたなくてはならない」とありますが、今までのどのような生活を否定して、このように考えているのですか。文章中から三つ抜き出しなさい。　10点×3〔30点〕

漢字を読もう！　①籠　②旧暦　③蔑む
←答えは左ページ

母と宏児(ホンル)とは寝入った。

私も横になって、船の底に水のぶつかる音を聞きながら、今自分は、自分の道を歩いているとわかった。思えば私と閏土との距離は全く遠くなったが、若い世代は今でも心が通い合い、現に宏児は水生のことを慕っている。せめて彼らだけは、私と違って、互いに隔絶することのないように……とはいっても、彼らがひとつ心でいたいがために、私のように、無駄の積み重ねで魂をすり減らす生活をともにすることは願わない。また閏土のように、打ちひしがれて心がまひする生活をともにすることも願わない。また他の人のように、やけを起こして野放図(のほうず)に走る生活をともにすることも願わない。希望をいえば、③彼らは新しい生活をもたなくてはならない。私たちの経験しなかった新しい生活を。

希望という考えが浮かんだので、私はどきっとした。たしか閏土が香炉と燭台(しょくだい)を所望したとき、私はあいかわらずの偶像崇拝だな、いつになったら忘れるつもりかと、心ひそかに彼のことを笑ったものだが、今私のいう希望も、やはり④手製の偶像にすぎぬのではないか。ただ彼の望むものはすぐ手に入り、私の望むものは手に入りにくいだけだ。

まどろみかけた私の目に、海辺の広い緑の砂地が浮かんでくる。その上の紺碧(こんぺき)の空には、金色の丸い月がかかっている。思うに希望とは、もともとあるものともいえぬし、ないものともいえない。それは地上の道のようなものである。もともと地上には道はない。⑤歩く人が多くなれば、それが道になるのだ。

〔魯迅(ろじん)／竹内好(たけうちよしみ)訳「故郷」による〕

5 よく出る ——線④「手製の偶像にすぎぬのではないか」とは、どのような意味ですか。次から一つ選び、記号で答えなさい。〔15点〕

ア 「私」の希望も、自分なら実現できると思い込んでいるものにすぎないのではないか。

イ 「私」の希望も、自分一人で信じて心の慰めを得ているものにすぎないのではないか。

ウ 「私」の希望も、自分が望んでいるだけで古い価値観から抜け出していないのではないか。

エ 「私」の希望も、自分が考えただけで、真に理想的なものとはいえないのではないか。

6 やや難 ——線⑤「歩く人が多くなれば、それが道になる」とは、どのようなことのたとえですか。「希望」という言葉を使って書きなさい。〔20点〕

漢字で書こう！ ①かご ②きゅうれき ③さげす(む)
答えは右ページ➡

教科書 p.182〜p.185

「文殊（もんじゅ）の知恵」の時代

要旨

◆私たちは、急速に変化する社会の中で、さまざまな問題に直面する。それらを解決するために、「文殊（もんじゅ）の知恵」を生み出す力が必要とされている。

5分間攻略ブック p.13

テストに出る！

ココが要点

「文殊（もんじゅ）の知恵」を生み出すには（教 p.183〜p.184）➤ **予想問題**

「三人寄れば文殊の知恵」アイデアから知恵を生み出すには？

●それぞれが独自の視点で徹底的に検証。

↓全員の知識と経験を総動員して解決策を見いだす。

●国も文化も違う人と働く。価値観の違う人と協力する時代。

↓違うことを知って尊重し、活用する。

テストに出る！

予想問題

解答 p.8

30分　100点

次の文章を読んで、問題に答えなさい。

生きていると、さまざまな問題に直面するものである。問題に直面したら、まずは自分の知識と経験を用いて解決しようとするだろう。例えば学校のテストの問題であれば、これまでに自分の習い覚えたことを駆使して解くものだ。だが、社会に出ると、経験したこともなければ、予測もできないような問題に直面することがある。自分一人の知識と経験だけでは、とても解決できない。そのようなとき、同じ問題を共有する他人と協力し、全員の知識と経験を総動員して解決にあたるのである。人間は、社会に出たら自分の力で生きていかなければならないが、自分の力だけで生きていくこともできないのだ。

③今必要とされているのは、この「文殊の知恵」である。他人の知識や経験を自分の知識や経験と結びつけて活用する力、価値観の全く違う人たちとも協力して一緒に考えていくことのできる力。事の道理や筋道をわきまえ、正しく判断するために、「文殊の知恵」を生み出す力が必要とされる時代を迎えているのである。

〔北川（きたがわ）達夫（たつお）「『文殊（もんじゅ）の知恵』の時代」による〕

1 ――線①「そのような社会」とは、どのような社会ですか。二十字以内で書きなさい。〔10点〕

2 よく出る ――線②「そういう社会」とは、どのような社会ですか。文章中から抜き出しなさい。〔10点〕

3 よく出る 人と協力して問題を解決していくことが必要な理由を、次から二つ選び、記号で答えなさい。10点×2〔20点〕

漢字を読もう！　①徹底的　②放棄　③決裂
←答えは左ページ

また、最近では、科学技術の発達などによって、新しい知識が爆発的に増殖している。社会も急速に変化して、複雑化の度合いを強めている。①そのような社会において生じる問題は、とても一人の知識や経験だけで対処できるようなものではない。専門家であっても、自分の専門領域の問題を自分だけでは解決できなくなってしまった。例えば、エネルギー問題などは、人類の英知を結集すべき課題だ。環境学者や物理学者だけでなく、政治や経済の専門家や企業、そして一般の人々が、ともに取り組む必要がある。一つの問題について、さまざまな立場の人々がさまざまな視点から徹底的に検証し、みんなで協力して解決策を見いだしていかなければならなくなっている。

そのうえ、世界が変化したことにより、さまざまな国や地域の人々と接する機会が多くなった。国が違えば文化も違う。文化が違えば価値観も違う。今世界全体が、多様な価値観をもった人々が一緒に働き、あるいは一緒に暮らすような社会になりつつある。②そういう社会で問題が起これば、全く考えの違う人々とも協力して解決にあたらなければならないのである。

すばらしい知恵を生み出すためには、違いを恐れてはいけない。人それぞれが違うことを知り、その違いを尊重する一方で、活用することを考える。そうすれば、全員の知識や経験をうまく折り合いをつけながら利用できるようになる。それぞれにとっての「正しいこと」や「大切なこと」が違っていたとしても、全員にとっての「正しいこと」や「大切なこと」を一緒に探すことができる。そうすることによってのみ、三人で相談して「文殊(もんじゅ)の知恵」を生み出すことができるのだ。

ア 科学技術の発達で新しい知識が爆発的に増え、同じ問題を研究する専門家が集まって、他を排除しつつ解決していくしかないから。

イ 科学技術の発達で新しい知識が増え、社会が複雑化している現代では、自分一人の知識と経験だけでは解決できない問題が起こるから。

ウ 国際化が進んだ社会で問題が起これば、文化も価値観も違うさまざまな国や地域の人々と協力して解決しなければならないから。

エ 現代のような多様な価値観をもった人々が混在する社会で問題が起これば、同じ価値観をもつ者が団結して解決するしかないから。

オ 社会に出たら独力で生きていくべきだが、予測もできないような問題に直面した場合は、人の助力を受け入れるほうが賢明だから。

□ □

4 やや難 ——線③「今必要とされているのは、この『文殊の知恵』である。」について答えなさい。

(1) 「文殊の知恵」を生み出す力とは、どのような力ですか。文章中から二つ抜き出しなさい。 15点×2〔30点〕

□ □

(2) 「文殊の知恵」を生み出すためには、どうすればいいのですか。□にあてはまる言葉を文章中から抜き出しなさい。 10点×3〔30点〕

人それぞれの ⓐ□ を ⓑ□ し、全員の知識や経験をうまく ⓒ□ をつけながら活用する。

漢字で書こう！ 答えは右ページ➡ ①てっていてき ②ほうき ③けつれつ

坊っちゃん

教科書 p.186～p.198

主題

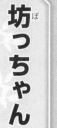

◇何事においても粗野な「俺」に対して、奉公人の清は、ただ一人、理解と愛情を示す。清の無邪気な言動にとまどう「俺」の様子がおかしみを誘う。

5分間攻略ブック p.13

テストに出る！

ココが要点

父母と兄、奉公人・清との関係（教 p.188～p.189）▼予想問題

家族とうまく折り合えず、清だけがかわいがってくれる。

●母…おまえのような者の顔は見たくないと、**あいそを尽かした**。

●おやじ…年中もてあましていて、**勘当**すると言いだした。

●兄…元来ずるいから、**仲がよくない**。

●清…「**まっすぐでよい**ご気性だ。」とちやほやして、気味が悪い。

清との別れ（教 p.195～p.196）▼例題

清は風邪をひいて寝ている。

●「俺」が**田舎**へ行くことを話したら、清は非常に**失望**した様子。

●**プラットフォーム**に立っている清は、なんだか**小さく**見えた。

作品

●作者…**夏目漱石**　●代表作…「**吾輩は猫である**」「**三四郎**」など。

例題　清との別れ

いよいよ約束が決まって、もうたつという三日前に清を訪ねたら、①**北向きの三畳に風邪をひいて寝ていた**。俺の来たのを見て起き直るが早いか、坊っちゃんいつうちをお持ちなさいますと聞いた。卒業さえすれば金が自然とポケットの中に湧いてくると思っている。そんなに偉い人をつらまえて、まだ坊っちゃんと呼ぶのはいよいよばかげている。俺は単簡に当分うちは持たない。田舎へ行くんだと言ったら、②**非常に失望した様子で、ごま塩のびんの乱れをしきりになでた**。あまり気の毒だから「行くことは行くがじき帰る。来年の夏休みにはきっと帰る。」と慰めてやった。それでも妙な顔をしているから「何を土産に買ってきてやろう、

1 ——線①からわかる清の境遇を選びなさい。

ア 大切にされて幸福な境遇。

イ 能力を買われて多忙な境遇。

ウ 遠慮がちに暮らす孤独な境遇。

（　　）

2 ——線②で、清はなぜ失望したのですか。

「俺」が、当分［　　　　　　］というので、一緒に住めそうにないから。

答えと解説

1 ウ

「北向きの三畳」の部屋とは、**日当たりの悪い、荷物置き場にするような狭い部屋**である。顔を見るなり、「坊っちゃんいつうちをお持ちなさいます」と聞いていることからも、居心地の悪さが伝わってくる。

2 うちは持たない

清は、「俺」の家で奉公していた頃から、「俺」が**うちを持ったら一緒に置いてくれ**と、そればかりを楽しみにしていたのである。

漢字を読もう！　①赴任　②懲役　③諦める
←答えは左ページ

何が欲しい。」と聞いてみたら「越後(えちご)の笹(ささ)あめが食べたい。」と言った。越後の笹あめなんて聞いたこともない。だいいち方角が違う。「俺の行く田舎には笹あめはなさそうだ。」と言って聞かしたら「そんなら、どっちの見当です。」と聞き返した。「西の方だよ。」と言うと、「箱根(はこね)の先ですか手前ですか。」と問う。③**ずいぶんもてあました。**

出立(しゅったつ)の日には朝から来て、いろいろ世話をやいた。来る途中小間物屋で買ってきた歯磨きとようじと手拭いをズックのかばんに入れてくれた。そんな物はいらないと言ってもなかなか承知しない。車を並べて停車(ていしゃ)場(ば)へ着いて、プラットフォームの上へ出たとき、車へ乗り込んだ俺の顔をじっと見て④**「もうお別れになるかもしれません。ずいぶんご機嫌よう。」**と小さな声で言った。目に涙がいっぱいたまっている。俺は泣かなかった。しかしもう少しで泣くところであった。汽車がよっぽど動きだしてから、もうだいじょうぶだろうと思って、窓から首を出して振り向いたら、やっぱり立っていた。⑤**なんだか大変小さく見えた。**

〔夏目(なつめ)漱石(そうせき)「坊っちゃん」による〕

3 ――線③とありますが、これはどのようなことを表していますか。選びなさい。

ア 「俺」が行くのは、清の想像もつかないような遠くだということ。

イ 清が、遠くへ行く「俺」をなんとかして引き留めようとしていること。

ウ 「俺」が、清の今後をとても心配していること。

（　　）

4 よく出る ――線④のお別れを、清はどのような気持ちで言っていますか。

（　　　　　　　）うちにはもう会えないかも知れないという気持ち。

5 よく出る ――線⑤で、清が小さく見えたのはなぜですか。選びなさい。

ア ずっと頼りにしていた清と別れるのが不安だったから。

イ 今まで世話になってきた清が、急に頼りなく感じられたから。

ウ 清の身の上を考えると、置いていくのはあまりに気の毒だから。

（　　）

3 ア

清の思惑とはずいぶん違う今回の赴任を、**「田舎」とだけ言って、あまり詳しく言わない「俺」と、見当違いのことばかりを言う清とのやりとりのおかしみ**を読み取る。おかしさの裏側に、**別れの悲しさ**を感じさせる場面である。

4 例 生きている

「命がある」などでも正解。清はすでに高齢なので、自分には**あまり時間が残されていないと思っている。**それで、早く「俺」にうちを持ってもらいたいのである。

5 ウ

清は高齢で、おいの家にやっかいになっている。「俺」がうちを持って迎え入れてくれるのを待っているのに、当分うちを持たないうえ、聞いたこともないような遠くへ行くと言う。**清は意気消沈してしまい、「俺」もまたそれを哀れに思っている**ことがうかがえる。

漢字で書こう！ ①ふにん ②ちょうえき ③あきら（める）
答えは右ページ➡

テストに出る！

予想問題

次の文章を読んで、問題に答えなさい。

解答 p.9　30分　/100点

　母が病気で死ぬ二、三日前、台所で宙返りをしてへっついの角であばら骨を打って大いに痛かった。母がたいそう怒って、①おまえのような者の顔は見たくないと言うから、親類へ泊まりに行っていた。するととうとう死んだという知らせが来た。そう早く死ぬとは思わなかった。そんな大病なら、もう少しおとなしくすればよかったと思って帰ってきた。そうしたら例の兄が俺を親不孝だ、俺のために、おっかさんが早く死んだんだと言った。②悔しかったから、兄の横っ面を張って大変叱られた。

【母が死んでからは、おやじと兄と三人で暮らしていた。おやじはなんにもせぬ男で、人の顔さえ見ればきさまはだめだだめだと口癖のように言っていた。何がだめなんだか今にわからない。妙なおやじがあったもんだ。兄は実業家になるとか言ってしきりに英語を勉強していた。元来ずるいから、仲がよくなかった。十日に一ぺんぐらいの割でけんかをしていた。】あるとき将棋をさしたらひきょうな待ち駒をして、人が困るとうれしそうに冷やかした。あんまり腹が立ったから、手にあった飛車を眉間へたたきつけてやった。眉間が割れて少々血が出た。兄がおやじに言つけた。おやじが俺を勘当すると言いだした。

　そのときはもうしかたがないと観念して先方の言うとおり勘当されるつもりでいたら、十年来召し使っている清という女が、泣きながらおやじに謝って、ようやくおやじの怒りが解けた。それにもかかわらずあまりおやじを怖いとは思わなかった。③かえって

2 ――線②「悔しかった」とありますが、どのようなことが悔しかったのですか。文章中の言葉を使って、簡潔に書きなさい。〔15点〕

3 【　】内の文章中で、物語の語り手の「俺」が現在の立場から語っていることがわかる一文を抜き出し、はじめの五字を書きなさい。〔15点〕

4 よく出る ――線③「かえってこの清に気の毒であった。」とありますが、ここから、「俺」は「清」に対してどのように思っていたと考えられますか。適切なものを次から一つ選び、記号で答えなさい。〔10点〕

ア　奉公人なのに主人に反対したので、清に不満をもっていた。
イ　感謝の言葉を素直に言えなかったが、清を思いやっていた。
ウ　自分で父親に反抗する勇気はなかったので、清を尊敬していた。
エ　自分を助けてくれたことに感謝し、清に甘えていた。

5 よく出る ――線④「俺を非常にかあいがってくれた」とありますが、清にかわいがられることを、「俺」はどう思っていましたか。適切なものを次から一つ選び、記号で答えなさい。〔15点〕

ア　自分はとうてい人に好かれるたちではないと思っていたので、おおいに喜んでいた。
イ　自分の気性を誤解していると考えて、かわいがられるたびに申し訳ないと思っていた。

漢字を読もう！　①無鉄砲　②稲　③嗅ぐ
←答えは左ページ

この清に気の毒であった。この女はもと由緒のある者だったそうだが、瓦解のときに零落して、つい奉公までするようになったのだと聞いている。だから婆さんである。この婆さんがどういう因縁か、④俺を非常にかあいがってくれた。不思議なものである。母も死ぬ三日前にあいそを尽かした――おやじも年中もてあましている――町内では乱暴者の悪太郎とつまはじきをする――この俺をむやみに珍重してくれた。⑤俺はとうてい人に好かれるたちでないと諦めていたから、他人から木の端のように取り扱われるのはなんとも思わない、かえってこの清のようにちやほやしてくれるのを不審に考えた。清はときどき台所で人のいないときに「あなたはまっすぐでよいご気性だ。」と褒めることがときどきあった。⑥しかし俺には清の言う意味がわからなかった。いい気性なら清以外の者も、もう少しよくしてくれるだろうと思った。清がこんなことを言うたびに俺はお世辞は嫌いだと答えるのが常であった。すると婆さんは⑦それだからいいご気性ですと言っては、うれしそうに俺の顔を眺めている。自分の力で俺を製造して誇ってるように見える。少々気味が悪かった。

〔夏目漱石「坊っちゃん」による〕

1 ――線①「おまえのような者の顔は見たくないと言うから、親類へ泊まりに行っていた」とありますが、このときの「俺」の行動の説明として適切なものを次から一つ選び、記号で答えなさい。〔10点〕

ア 母の言葉に怒って、腹立ちまぎれに家出している。

イ 母の病状をわきまえず、遊びほうけている。

ウ 母の言葉を文字どおりに受け取り、行動している。

エ 母の気を引くために、心配をかけようとしている。

□

ウ 奉公人だから無理をして自分をかわいがってくれるのだと考えて、かわいそうに思っていた。

エ 他人からぞんざいに扱われることに慣れていたので、かわいがられるのを不審に考えていた。

□

6 ――線⑤「木の端のように取り扱われる」とは、どういうことですか。適切なものを次から一つ選び、記号で答えなさい。〔10点〕

ア 機嫌を損ねないように気を遣って接されるということ。

イ 大切な存在として丁重にもてなされるということ。

ウ まともに相手をされず捨て置かれるということ。

エ 悪さをしないように厳重に監視されるということ。

□

7 やや難 ――線⑥「俺には清の言う意味がわからなかった」のは、なぜですか。文章中の言葉を使って書きなさい。〔15点〕

□

8 ――線⑦「それだからいいご気性です」とありますが、清がいい気性だと思っているのは、「俺」のどんな性格ですか。□にあてはまる言葉を、文章中から抜き出しなさい。5点×2〔10点〕

自分のことを褒められても、それはⓐ□だと考えて、褒められるのを嫌がるⓑ□な性格。

漢字で書こう！ ①むてっぽう ②いね ③か（ぐ）
答えは右ページ➡

教科書 p.212〜p.219

三年間の文法の総まとめ

確認

◆品詞は全部で十種類。自立語か付属語か、活用があるかないか、形やはたらきの違いなどによって分けることができる。

5分間攻略ブック p.19／p.20

テストに出る！

ココが要点

- 言葉のまとまり…文章・談話→段落→文→**文節**→単語（最小）
- 文節の関係…**主語・述語**／修飾語／接続語／独立語
- 連文節…並立の関係／**補助**の関係
- 文の成分…文を組み立てる意味のまとまりである文節・連文節
- 単語の種類…**自立語**・付属語／活用がある・ない／体言・**用言**

単語	活用	働き	品詞	
自立語	活用がない	主語になる	**名詞**	**体言**
自立語	活用がない	主語にならない	**副詞**	
自立語	活用がない	主語にならない	**連体詞**	
自立語	活用がない	主語にならない	**接続詞**	
自立語	活用がない	主語にならない	**感動詞**	
自立語	活用がある	述語になる	**動詞**（言い切りがウ段）	**用言**
自立語	活用がある	述語になる	**形容詞**（言い切りが「い」）	**用言**
自立語	活用がある	述語になる	**形容動詞**（言い切りが「だ・です」）	**用言**
付属語	活用がない		**助詞**	
付属語	活用がある		**助動詞**	

- 名詞の種類…**普通**名詞・固有名詞・数詞・形式名詞・代名詞
- 用言…**動詞**・**形容詞**・形容動詞の三種類。活用する。
- 副詞の呼応…あとに続く表現が決まっているものがある。
- 助動詞…れる・られる　せる・させる　だ　です　ます
  ない／ぬ・ん　た・だ　たい・たがる　う・よう
  らしい　ようだ　そうだ　まい

ア　名詞　イ　副詞　ウ　連体詞　エ　接続詞
オ　感動詞　カ　動詞　キ　形容詞　ク　形容動詞
ケ　助詞　コ　助動詞

①	②	③	④	⑤
⑥	⑦	⑧	⑨	⑩

4　**次の名詞（⑤は——線）の種類をあとから一つずつ選び、記号で答えなさい。**　4点×5〔20点〕

①　ヘリコプター　②　富士山　③　あなた
④　一万円　⑤　あるとき

ア　普通名詞　イ　固有名詞　ウ　数詞
エ　形式名詞　オ　代名詞

①	②	③	④	⑤

5　**次の——線の用言の活用形をあとから一つずつ選び、記号で答えなさい。**　4点×5〔20点〕

①　まだ誰も来ない。
②　お世辞を言われてもうれしくない。
③　テストがあることを今朝知った。
④　元気ならば、それでいいんだ。
⑤　前を見ろ。

①	②	③	④	⑤

漢字を読もう！　①事柄　②感嘆　③咲く
←答えは左ページ

テストに出る！予想問題

解答 p.9　30分　100点

1 よく出る 次の文は、①いくつの文節、②いくつの単語でできていますか。それぞれ漢数字で答えなさい。　2点×2〔4点〕

・大雪警報で、学校は臨時休校になった。

① ②

2 次の――線の文節の関係をあとから一つずつ選び、記号で答えなさい。　4点×4〔16点〕

① 妹が一人で買い物へ行く。
② 入学式では、校歌を歌います。
③ 桜が満開に咲いている。
④ 机には、国語や数学の教科書が入っている。

ア 主語・述語の関係　イ 修飾語・被修飾語の関係
ウ 並立の関係　エ 補助の関係

① ② ③ ④

3 よく出る 次の――線の単語の品詞をあとから一つずつ選び、記号で答えなさい。　2点×10〔20点〕

① 小さな鍋を買う。　② 給食に揚げパンが出る。
③ かばんにノートを入れる。　④ 公園へ出かける。
⑤ 今朝の空気はすがすがしい。　⑥ 相談があるらしい。
⑦ お菓子をもっと欲しい。　⑧ おや、久しぶりだね。
⑨ わかった。でも大丈夫かな。　⑩ 妹は大胆な性格だ。

ア 未然形　イ 連用形　ウ 終止形
エ 連体形　オ 仮定形　カ 命令形

6 次の――線の副詞のうち、呼応するものを一つ選び、記号で答えなさい。　〔4点〕

ア たとえ最後の一人になっても諦めない。
イ この物語は、たいへんよくできている。
ウ 教室がしんと静まりかえった。

① ② ③ ④ ⑤

7 よく出る 次の――線の「の」と同じ用法の「の」をあとから一つ選び、記号で答えなさい。　〔4点〕

・私のだったら、どこかに名前が書いてあるはずだ。

ア それは大木さんのだ。
イ それは大木さんのペンだ。
ウ それは大木さんの作ったペンだ。

8 やや難 次のア・イの――線のうち、助動詞をそれぞれ一つずつ選び、記号で答えなさい。　4点×3〔12点〕

① ア 愛らしいふるまいに和む。
　 イ 何かおかしなものを食べたらしい。
② ア 原因が思いあたらない。
　 イ 今日は予定が何もない。
③ ア 明日から連休だ。
　 イ 衣装がとても華やかだ。

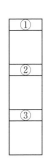

① ② ③

漢字で書こう！ ①ことがら　②かんたん　③さ（く）
答えは右ページ➡

高瀬舟

テストに出る！
ココが要点

喜助の罪（教 p.234～p.235）▶**予想問題**

- 喜助の告白…自殺を図ったが死にきれずに苦しむ弟に頼まれ、剃刀を抜いた。→弟は死に、**弟殺し**の罪に問われた。
- 庄兵衛の思い…**苦**から救うための人殺しを**罪**とよべるか、という**疑い**が解けない。

テストに出る！
予想問題

解答 p.10　30分　100点

次の文章を読んで、問題に答えなさい。

「それを見ていて、私はとうとう、これは弟の言ったとおり①にしてやらなくてはならないと思いました。私は『しかたがない、抜いてやるぞ。』と申しました。すると弟の目の色がからりと変わって、晴れやかに、さもうれしそうになりました。私はなんでもひと思いにしなくてはと思って膝をつくようにして体を前へ乗り出しました。弟はついていた右の手を離して、今まで喉を押さえていた手の肘を床について、横になりました。私は剃刀の柄をしっかり握って、ずっと引きました。このとき私の内から締めておいた表口の戸を開けて、近所のばあさんが入ってきました。留守の間、弟に薬を飲ませたりなにかしてくれるように、私の頼んでおいたばあさんなのでございます。もうだいぶうちの中が暗くなっ

主題

◇罪人でありながら「足ることを知っている」喜助に、護送の役人・庄兵衛は敬意にも似た思いを抱く。喜助の罪状からは、安楽死の是非も提起されている。

弟は剃刀を抜いてくれたら死なれるだろうから、抜いてくれと言った。それを抜いてやって死なせたのだ、殺したのだとは言われる。しかしそのままにしておいても、どうせ死ななくてはならぬ弟であったらしい。それが早く死にたいと言ったのは、苦しさに耐えなかったからである。喜助はその苦を見ているに忍びなかった。苦から救ってやろうと思って命を絶った。それが罪であろうか。殺したのは罪に相違ない。しかしそれが苦から救うためであったと思うと、そこに疑いが生じて、どうしても解けぬのである。

〔森鷗外「高瀬舟」による〕

1 ――線①「弟の言ったとおり」とありますが、弟はどのように言ったのですか。文章中から二十五字で抜き出し、はじめと終わりの五字を書きなさい。〔15点〕

□□□□□～□□□□□

2 よく出る ――線②「私は剃刀を握ったまま、……ぼんやりして見ておりました。」とありますが、このときの喜助の心情を次から一つ選び、記号で答えなさい。〔15点〕

ア　自分のしたことが信じられず、ぼう然としている。
イ　この場から逃げようかどうしようか迷っている。
ウ　弟の苦しみを除いてやれて安心している。
エ　もっと早く弟を楽にしてやればよかったと後悔している。　□

漢字を読もう！　①役柄　②濃淡　③悔やむ
←答えは左ページ

ていましたから、私にはばあさんがどれだけのことを見たのだかわかりませんでしたが、ばあさんはあっと言ったきり、表口を開け放しにしておいて駆け出してしまいました。私は剃刀を抜くとき、手早く抜こう、まっすぐに抜こうというだけの用心はいたしましたが、どうも抜いたときの手応えは、今まで切れていなかったところを切ったように思われました。刃(は)が外の方へ向いていましたから、外の方が切れたのでございましょう。②私は剃刀を握ったまま、ばあさんの入ってきてまた駆け出していったのを、ぼんやりして見ておりました。ばあさんが行ってしまってから、気がついて弟を見ますと、弟はもう息が切れておりました。傷口からはたいそうな血が出ておりました。それから年寄衆(としよりしゅう)がおいでになって、役場へ連れてゆかれますまで、私は剃刀をそばに置いて、目を半分開(あ)いたまま死んでいる弟の顔を見つめていたのでございます。」

少しうつむきかげんになって庄兵衛(しょうべえ)の顔を下から見上げて話していた喜助(きすけ)は、こう言ってしまって、視線を膝の上に落とした。

喜助の話はよく条理が立っている。ほとんど③条理が立ちすぎているといってもいいくらいである。これは半年ほどの間、当時のことをいくたびも思い浮かべてみたのと、役場で問われ、町奉行(ぶぎょう)所で調べられるそのたびごとに、注意に注意を加えてさらってみさせられたのとのためである。

庄兵衛はその場の様子をまのあたり見るような思いをして聞いていたが、これが果たして弟殺しというものだろうか、④人殺しというものだろうかという疑いが、話を半分聞いたときから起こってきて、聞いてしまっても、その疑いを解くことができなかった。

3 ――線③「条理が立ちすぎている」のは、なぜですか。理由を次から二つ選び、記号で答えなさい。 10点×2〔20点〕

ア 喜助の言ったことは、全てうまい作り話だったから。
イ あちこちで何度も同じ話をさせられていたから。
ウ 自分のしたことを繰り返し思い出していたから。
エ 事件が起こったのが、ついこの間のことだから。
オ 自分の行為を後悔して、言い訳を用意していたから。

[ ] [ ]

4 ――線④「人殺し……という疑い」について答えなさい。

(1) やや難 庄兵衛がこのような疑いをもったのは、なぜですか。〔20点〕

[ ]

(2) 庄兵衛の心にこのような疑いを生んだ死は、現代のどのような問題に通じていますか。漢字三字で書きなさい。〔15点〕

[ ]の問題。

5 この場面から、庄兵衛は喜助に対してどのような感情をもつようになったと考えられますか。次から一つ選び、記号で答えなさい。〔15点〕

ア 喜助の心の深いところまではつかめず、最後まで不気味な存在だと感じていた。
イ はじめは同情していたものの、弟の殺し方に反発を覚え、いつしか憎むようになっていた。
ウ 苦しみから解放してやるために弟を死に至らしめた喜助に、同情以上の感情をもつようになった。
エ 身の上話を聞くうちに意気投合し、いつしか仲間意識のような感情が芽生えた。

[ ]

漢字で書こう！ ①やくがら ②のうたん ③く(やむ)
答えは右ページ➡

サシバ舞う空

主題

少年タルタは、渡りのサシバを捕らえ、ピルバと名づける。タルタはピルバと心を通わせ、ピルバを放す。サシバの群れは大きな鳥となって南の空へ消えていった。

タルタが初めて捕まえたサシバ（教 p.239〜p.241）➤予想問題

- サシバの大群が飛び交い、アダン林に降りてくる。
- 一羽がタルタの腕の中に飛び込んでくる。→ムサじいの驚き
- 餌を差し出すが食べない。→タカ（サシバ）は誇り高い生き物

テストに出る！ 予想問題

解答 p.10　30分　100点

次の文章を読んで、問題に答えなさい。

次々と声をかけ合い、踊るように、サシバの降りてくる海岸のアダン林へと走りだしました。タルタは芋づるを頭からかぶると、アダン木に登って立ち上がりました。目の位置がぐんっと高くなって、海の向こうに揺らいでいる真っ赤な夕日が、目に飛び込んできました。その光を覆わんばかりに、次々と現れる黒いサシバの群れが、タルタを体の芯（しん）から、ぷとぅぷとぅ揺さぶります。タルタは知らぬまに、ぶるぶると震えていました。

見上げると、①空一面に、サシバの大群が飛び交（か）い、ぐんぐんタルタに近づいてきます。

「来たぞ！」と、低い声が聞こえたとたん、翼（つばさ）が風を切る音が、激しさを増してきました。

低く滑るように飛んできたサシバが、ふわっと舞い上がり、大

1 ——線①「空一面に、サシバの大群が飛び交い、ぐんぐんタルタに近づいてきます」とありますが、サシバの大群が近づいてくるときのタルタはどのような様子でしたか。　10点×2〔20点〕

次々と現れる黒いサシバの群れに、タルタは

ⓐ［　　　　］揺さぶられ、知らぬまに、

ⓑ［　　　　］いた。

2 ——線②「獲物を捕まえた喜びが、暗さを増したアダン林のあちこちから、タルタにも伝わってきます。」とありますが、この表現から読み取れることを、次から一つ選び、記号で答えなさい。〔10点〕

ア ムサじいがサシバを捕まえたことを、アダン林にいる人全員がたたえていること。

イ ムサじいが、捕まえたサシバに餌を与えたことに、他のサシバたちが気づいたこと。

ウ ムサじいの他にも、アダン林にいるたくさんの人々がサシバを捕らえていること。

エ アダン林のいろいろな場所で、サシバが自分の餌となる獲物を捕らえていること。

［　　］

漢字を読もう！　①鼓動　②寒露　③傾く
←答えは左ページ

きく翼を広げて、ムサじいの頭の上に止まろうとしたその瞬間、ムサじいの手がサシバの足をつかみました。そして、翼ごと、アダンひもでくくりつけました。次々と、サシバは降りてきます。②獲物を捕まえた喜びが、暗さを増したアダン林のあちこちから、タルタにも伝わってきます。

タルタの周りから一切が消えうせ、サシバの群れが送り出す空気の震えだけが、びんびんと伝わってきます。

『タカー。僕に、降りてこい。』

タルタが心で叫んだときです。黒々とした大きなうねりのようなサシバの群れが、タルタの頭の上を覆ったかと思うと、その中の一羽が、あっと叫ぶ間もなく、タルタの腕の中に、飛び込んできました。タルタは無我夢中で、サシバを抱き止めました。③ムサじいは、自分の目が信じられませんでした。サシバが人の腕の中に飛び込んでくるなんて見たこともありません。

家に戻ると、タルタはムサじいに言われて、逃げないように、サシバの足にひもをつけました。

「おじい、このタカ、青目（オーミー）だよー。」

④「ああ、いい目だ。大人になる前の若いタカだ。」

初めて自分で捕まえたサシバです。タルタは、うれしくてたまりません。どきどきしながら、小さな魚を差し出しました。するとサシバは、目をむき、口をかっと開けて、タルタに向かってきます。

「タカはね、誇り高い生き物だよ。そう簡単に、人の手から餌は食わんさー。」

ムサじいが、言いました。〔石垣（いしがき）幸代（さちよ）・秋野（あきの）和子（かずこ）「サシバ舞う空」による〕

3 よく出る ——線③「ムサじいは、自分の目が信じられませんでした。」とありますが、ムサじいはどのようなことに驚いたのですか。「タルタ」という言葉を使って書きなさい。〔15点〕

4 ——線④「初めて自分で捕まえたサシバです。」について答えなさい。

(1) このサシバにはどのような特徴がありましたか。タルタの言葉から抜き出しなさい。〔10点〕

(2) このあと、サシバとタルタは、どのようなやりとりをしましたか。□にあてはまる言葉を書きなさい。15点×2〔30点〕

タルタはうれしくて、ⓐ が、サシバは、ⓑ 。

(3) やや難 サシバが(2)のような態度であることの理由を、ムサじいはどのように言っていますか。〔15点〕

漢字で書こう！ ①こどう ②かんろ ③かたむ(く)
答えは右ページ➡

近世の短詩――俳句・川柳・狂歌

確認

◆俳句と川柳、短歌と狂歌は音数は同じだが、表現している方向性は異なっている。川柳・狂歌は滑稽さに満ちている。

テストに出る！ ココが要点

俳句・川柳・狂歌

●俳句…五・七・五の十七音で、季語を詠み込んだ短詩。

●川柳…十七音で、季語や切れ字などの制約のない短詩。滑稽・風刺・機知などの特色がある。

●狂歌…五・七・五・七・七、三十一音の短歌で、おどけた内容を詠んだもの。

テストに出る！ 予想問題

解答 p.11　30分　100点

次の短詩を読んで、問題に答えなさい。

◇俳句◇

A　古池や蛙飛びこむ水の音　松尾芭蕉

B　さみだれや大河を前に家二軒　与謝蕪村

C　むまさうな雪がふうはりふはりかな　小林一茶

D　朝顔につるべ取られてもらひ水　加賀千代女

ウ　自然の穏やかで寛大な様子に対して、人間の力は極めて小さく取るに足らないものである。

エ　水量豊富で見事な大河の流れを眺めることができる二軒の宿があり、優雅なたたずまいであった。

3　Cの俳句から、雪の降る様子を表した言葉を抜き出しなさい。〔3点〕

4　Dの俳句で、自分のところの井戸を使わなかったのはなぜですか。□にあてはまる言葉を書きなさい。〔10点〕

□に巻き付いた朝顔のつるを切りたくないから。

5　よく出る　A～Dの俳句から、Ⅰ…季語を抜き出し、Ⅱ…その季節を答えなさい。3点×8〔24点〕

A　Ⅰ　Ⅱ

B　Ⅰ　Ⅱ

C　Ⅰ　Ⅱ

D　Ⅰ　Ⅱ

漢字を読もう！　①脱ぐ　②柳　③寝る
←答えは左ページ

◈川柳◈

E 寝て居ても団扇の動く親心

F 芭蕉翁ぼちゃんといふと立ち止まり

G これ小判たつた一晩ゐてくれろ

◈狂歌◈

H 歌よみは下手こそよけれあめつちの
動き出してたまるものかは　宿屋飯盛

I わが庵はみやこの辰巳午ひつじ
申酉戌亥子丑寅う治　蜀山人

〔「近世の短詩――俳句・川柳・狂歌」による〕

1 よく出る　Aの俳句から切れ字を抜き出しなさい。〔3点〕

2 Bの俳句に詠み込まれている思いとして適切なものを次から一つ選び、記号で答えなさい。〔10点〕

ア 増水した大河の水の迫力に対して、ぽつんと立っている家二軒が頼りなげである。

イ とうとうと流れる大河の恵みを十分に受けて、潤っている人間の豊かな生活がある。

6 Eの川柳を説明した次の文の□にあてはまる言葉を書きなさい。〔10点〕

子供をあおいでいるうちに親も眠ってしまったが、時々、思い出したように手が動く□のほほえましさ。

7 Fの川柳はAの俳句をもとにした内容になっています。――線「ぼちゃん」という音を、芭蕉は何の音だと思ったのですか。〔10点〕

8 Gの川柳に詠み込まれている思いとして適切なものを次から一つ選び、記号で答えなさい。〔10点〕

ア ひとりぼっちの寂しさ　**イ** 大金を持ちたいという願望

ウ 日常のささやかな幸せ　**エ** 家賃の高さに対する嘆き

9 やや難　Hの狂歌の内容を簡潔に説明しなさい。〔10点〕

10 Iの狂歌は、百人一首の「わが庵は都の辰巳しかぞ住む世をうぢ山と人はいふなり」（喜撰法師）という句を下敷きにしたものです。Iの狂歌のおもしろさを説明した次の文の□にあてはまる言葉をあとから一つ選び、記号で答えなさい。〔10点〕

・方角の辰巳から□を全て入れ込み、最後に「うぢ」を掛けている。

ア 季節　**イ** 干支　**ウ** 占い　**エ** お経

漢字で書こう！　①ぬ（ぐ）　②やなぎ　③ね（る）
答えは右ページ➡

教科書 p.250〜p.255

「ありがとう」と言わない重さ

主題

◇モンゴル人は「ありがとう」を連発せず、将来の恩返しで感謝を示す。反面、祝詞では言葉を尽くして相手の幸福を祈る。モンゴル人の深さ、豊かさが感じられる。

ココが要点

モンゴルの風土と助け合いの心（教 p.252〜p.253）▶**予想問題**

●筆者が、先生に渡したおせんべつに対して、ずっとたってからお返しがあった。→金額もさることながら、先生が忘れずに**いつか報いよう**と思い続け、それを実行された心が**ありがたく**て感激する。

●自然・生活環境の厳しいなかでの生活は、**相互依存**によって成り立っている。「**言う**」ことより「**する**」ことのほうが大事。

テストに出る！ 予想問題

解答 p.11

30分　100点

次の文章を読んで、問題に答えなさい。

内モンゴル大学に留学中、『元朝秘史（げんちょうひし）』の個人教授を一年間してくださった先生が、アメリカの学会に行かれるというので、もう一人の留学生とおせんべつをさしあげたことがありました。先生は、①そのときはモンゴル人らしく、私たちの好意を淡々と受け取っておられましたが、その後ずうっとたってトゥグスと私が結婚するというときに、訪ねてこられて、「あのときは、おかげで家族にもお土産が買えた。なんのお返しもできないが、これで布団（ふとん）でも作るように。」と目に涙をためて、なんとご自分の二か月分の給料にあたるお金を渡してくださったのです。その金額もさることながら、こちらはおせんべつをさしあげたことなどすっかり忘れ

---

1 よく出る ——線①「そのときはモンゴル人らしく」とありますが、モンゴル人らしいのは、どのような態度ですか。〔10点〕

2 ——線②「目頭が熱くなってしまった」とありますが、筆者はなぜこのように感激したのですか。15点×2〔30点〕

ⓐ をいただき、その金額にも驚いたが、先生が、ⓑ から。

3 ——線③「彼らがそのような生活の中から学び取ってきた知恵なのです」について答えなさい。

(1)「そのような生活」の内容が具体的に説明されている一文を文章中から抜き出し、はじめの五字を書きなさい。〔10点〕

(2)「知恵」について具体的に説明されている部分を文章中から抜き出し、はじめと終わりの五字を書きなさい。〔10点〕

漢字を読もう！ ①見逃す ②尽くす ③頻出
←答えは左ページ

てしまっているのに、先生のほうでは忘れずにいつかなんらかの形で報いようと思い続け、それを実行されたその心がありがたくて、こちらまで②目頭が熱くなってしまったものでした。

モンゴル人がおかれている自然・生活環境の厳しさは、私たち日本人の比ではありません。春の砂嵐（すなあらし）、夏の日照り、冬の雪害など、一年を通じて常に自然災害の危険にさらされながらも、なおかつ、自然によって生きていかなければならない人々にとって、寄り添い、助け合うことは、きれいごとでもなんでもなく、生きぬいていくために必要不可欠なのです。何軒かでアイル（集落）を形成し、家畜をさまざまな方法で分担放牧したり、羊毛の刈り取り・井戸掘り・草刈りや災害対策などの労働を共同で行うことも、③彼らがそのような生活の中から学び取ってきた知恵なのです。無論、こういう協力関係はその集落に限ったことではありません。モンゴルでは、草原を旅していて、何気なく立ち寄った見ず知らずの家で、お茶や、ときには食事を出されることも珍しくないといいます。これも、彼らの助け合いの延長線上にあるものなのでしょう。フフホトのような町の生活にしても、相互依存によって成り立っている部分は、日本とは比べものにならないくらい大きいといえるでしょう。

今日助けることは明日助けられることであり、今日助けられることは明日助けることにいやおうなしにつながっている生活では、④「言う」ことより「する」ことのほうが大事なのです。

〔呉人（くれびと）恵（めぐみ）「『ありがとう』と言わない重さ」による〕

□～□

4 やや難 筆者は、モンゴル人の生活がどのように成り立っていると考えていますか。□にあてはまる言葉を、文章中から抜き出しなさい。 10点×3〔30点〕

自分が相手をⓐ□ことは、相手から自分がⓑ□ことにつながる。そのようなⓒ□の関係によって生活が成り立っている。

5 よく出る ——線④「『言う』ことより『する』ことのほうが大事なのです」とは、どのようなことですか。次から一つ選び、記号で答えなさい。〔10点〕

ア　相手に言葉で助けを求めることも大切だが、実際に相手に助けてもらうことも大切だということ。

イ　言葉をかけることよりも、実際に相手の助けになる行動をとることが何よりも重要だということ。

ウ　明日のことは言葉で言うことしかできないが、今日のことは行動で示すことができるということ。

エ　話し合うことよりも助け合うことのほうが、たとえ相手のためにならなくても大切だということ。

□

漢字で書こう！ 答えは右ページ➡　①みのが(す)　②つ(くす)　③ひんしゅつ

教科書 p.256〜p.260

武器なき「出陣」――千本松原が語り継ぐ

ココが要点

川を相手に戦う（教 p.258〜p.259）▶予想問題

● 平田靭負の精神＝幕府でなく、川を相手に戦う。

・役人の嫌がらせ・事件→**薩摩藩士たち**の抗議の自害

・村人たちの冷遇　　多くの困難と犠牲

テストに出る！ 予想問題

解答 p.12　15分　100点

◇ 次の文章を読んで、問題に答えなさい。

堤は少しずつ完成していったものの、①事件はあとを絶たなかった。たびたびできあがった堤が壊されたのである。それは幕府の役人の仕業であった。その嫌がらせに対する抗議として、二人の藩士が自害することになる。それ以後も、合わせて五十一人の抗議の自害による死者が出た。平田靭負の②無念と心痛は、計りしれないものがあった。それでも平田靭負は、その抗議行動の一切を事故や病気として処理し、幕府に届けることはなかった。幕府への抗議と知れると、御家断絶となりかねなかったからである。

劣悪な環境の中で、役人の嫌がらせや村人たちの冷たい態度、その屈辱にじっと耐え忍んでいる薩摩藩士たちの辛苦はいかばかりだったろう。そして、③平田靭負はその藩士たちを粘り強く励まし、工事の遂行に力を尽くした。既に心身ともに限界にあったが、薩摩藩のため、そして、この地で暮らす民のために闘い続けた。

主題

◇困難な工事を幕府から請け負わされ、度重なる嫌がらせに耐えながらも、川と戦うことだけを見続けた平田靭負。その生き様はすがすがしく見事である。

平田靭負は何度も思い返していた。

「幕府が相手ではなく、木曽の三つの川を相手に戦うのだ。」

〔船戸 政一「武器なき『出陣』――千本松原が語り継ぐ」による〕

1 ――線①「事件はあとを絶たなかった」とは、どのようなことがあったのですか。文章中から抜き出しなさい。〔30点〕

2 やや難 ――線②「無念と心痛」とは、どのようなことに対する思いですか。最も適切なものを次から一つ選び、記号で答えなさい。〔40点〕

ア　幕府の工事を請け負っているのに、役人からの協力が十分でなく工事が進まないこと。

イ　薩摩藩の御家安泰のために力を尽くしているのに、自害で死ぬ藩士を多く出してしまったこと。

ウ　早く堤を完成させて国元へ帰りたいのに、度重なる洪水のせいで工期が遅れていること。

エ　誇り高い薩摩藩士たちが、幕府の役人や村人たちから献身的な扱いを受けていること。

3 よく出る ――線③「平田靭負はその藩士たちを粘り強く励まし、工事の遂行に力を尽くした」とありますが、平田靭負の工事にあたる精神を象徴する言葉を文章中から抜き出しなさい。〔30点〕

中間・期末の攻略本

解答と解説

取りはずし
使えます！

三省堂版　国語3年

p.2～p.3 岩が

1	2	3		4	5	6		7
		(1)	(2)			ⓐ	ⓑ	
口語自由詩	ウ	力強く／ひっそりと	エ	イ	例憐れんだり卑しめたりしないこと。	流れ	逆らう	ウ

解説

2 「岩」は、「魚」とは違い、しっかりと動かないでいるという形で逆らっている。

3 (2)「それぞれに特有な／そして精いっぱいな／仕方」に合うものを選ぶ。

4 「魚」が「憐(あわ)れ」むというのは、「魚」を人間のようにたとえている表現。

5 「魚が岩を憐れんだり／岩が魚を卑(いや)しめたりしない」という様子をまとめて答える。

6 「卑屈なものたち」は、「流れ」に逆らう「岩」や「魚」とは違うものである。

7 「流れ」は「豊かに」、「卑屈なものたち」(逆らわないものたち)を「押し流して」いる存在であり続けている。

最終チェック

「卑屈なものたち」とはどのようなものか

・「卑屈」の意味…自分を低く見て、他にへつらったりいじけたりしている様子。

・詩「岩が」の中では、「岩」や「魚」は、精いっぱいな仕方で「流れ」に逆らっているもの。これに対して、「卑屈なものたち」とは、「流れ」に逆らわないものたちである。

p.6～p.7 握手①

1	2		3	4	5		6
	Ⅰ	Ⅱ			●	●	
日本にや～するぞ。	例カトリック者は日曜日の労働を戒律で禁じられているので、日曜日は休ませてほしい。	例日本には土曜も日曜もなく、毎日働かなければならない。	イ	例戒める(注意する)	イ	エ	ウ

(●は順不同)

解説

2 直前のルロイ修道士と監督官のやりとりから、それぞれの意見を読み取る。

3 食料を自ら作り、子供たちがそれを食べるのをうれしそうに眺めているというところに、ルロイ修道士の優しい人柄が読み取れる。

4 「こら。」や「よく聞きなさい。」という言葉が表す意味を書く。

5 謝った「私」に対して、ルロイ修道士が諭(さと)した内容を二つ捉える。ルロイ修道士の信条や生き方が表れたところでもある。

6 「私」は右の親指を立てるしぐさで「わかった。」という思いを伝えた。癖をまねるところから、敬愛の情が読み取れる。

最終チェック

ルロイ修道士の人柄や生き方を見つめる「私」に注目!

日本人がルロイ修道士にしたことや、天使園でのうわさをふまえ、ルロイ修道士の考え方や生き方を見つめている。また、指による合図の思い出から、ルロイ修道士の人柄を思い返している。

p.8～p.9　握手②／言葉発見①

1	1	遺言
	2	世の中へ出て、一人前の働きをしている
	3	ウ
	4	イ
	5	ⓐ自分の子　ⓑ預ける
2	①	ウ
	②	エ
	③	イ
	④	ア

解説

1

1　「遺言」とは、自分が最期に伝えたい言葉。「忘れないでください」という言い方が、「遺言」のように感じられたのである。

2　「……ときがいっとう楽しい」という言葉に着目。天使園の子供が社会で一人前になることを喜びとしているルロイ修道士の人柄がわかる。

3　同じ段落の最後に、「だから忘れるわけはないのである。」とある。直前の「そこで……姓名をつける。」がその理由である。

4　ルロイ修道士に対する親しみから、いたずら心と一人前の自分を見てもらいたいためにこのような行動をするのである。

5　質問の直後の返事から読み取る。説明は長いが、中心的な内容は、「天使園で育った子が自分の子を……やってくる。」である。

最終チェック

天使園の子供たちに対するルロイ修道士の思いをつかもう！

「いっとう楽しい」ときも、「いっとう悲しい」ときも、ルロイ修道士の思いの全ては天使園の子供たちに向けられている。

p.10～p.11　「批判的に読む」とは

◇	1	●一つは　●次に、　●最も重
	2	例人間が、いつでも、自分を中心として、ものを見たり考えたりするという性質をもっている
	3	例理由や根拠を明らかにすること。
	4	イ
	5	ウ

（●は順不同）

解説

◇

1　「一つは、」「次に、」「最も重要なのは、」と三つの読み方を示している。

2　『君たちはどう生きるか』の「しかし、もう一歩突きいって考えると、」以降に、なぜ地動説の例をあげたかが述べられているので、そこに着目して内容をまとめる。

3　直後にある「その際大切なのは、」のあとから捉える。

4　大人になる過程で多くの人に出会うので、いずれ自分でわかるようになるだろうということ。

5　文章に書かれていることをそのまま自分の考えとしている**ウ**は、「批判的」な読み方ではない。

最終チェック

「自分の考えをつくるために読む」読み方

・「賛成・反対」「納得できる・納得できない」を表明する。
・「論理の展開がわかりやすい・飛躍している」「例が不十分だ」「全てにあてはまるのか」などを吟味・評価する。
・理由（なぜそのように考えたのか）や、根拠（考えのもとになった言葉や事実、経験は何か）を明らかにする。

p.14～p.15 間の文化／漢字のしくみ

1

1	2	3 ⓐ	3 ⓑ	4 (1)	4 (2)	5	6 Ⅰ	6 Ⅱ	7
何もない時間	ウ	絶え間	長すぎ	イ	日々の暮らしを円滑に運ぶこと	エ	深く考えをめぐらす	相手のことを考えて行動を控える	ウ

2

①	②	③	④	⑤	⑥
オ	イ	カ	ア	ウ	エ

解説

1

2 前の一文「バッハにしても……音によってうめつくされている。」の内容に合うものを選ぶ。

3 西洋の音楽と対比させながら考える。音の絶え間がいくつあっても音曲として成立している、という文脈からキーワードを抜き出す。

4 (2)同じ段落の最後に、「心理的な間があって初めて……ことができる」とある。

5 「空白地帯」とは、衝突を和らげるための、お互いに立ち入らない場所を表している。

7 **ア**は、心理的な間だけを重視しているわけではないので不適。**イ**の中国の考え方については述べていない。**エ**は、言葉については述べていないので不適。

最終チェック

論理の展開をつかもう！

「空間的」「時間的」「心理的」な三つの「間」の特徴を説明→日本文化は「間の文化」である→「間」のはたらきによって「和」が実現、と展開している。

p.18～p.19 俳句の世界／俳句十句／言葉発見②

1

1	季語	季節
A	囀り	春
B	菜の花	春
C	万緑	夏
D	芋の露	秋
E	林檎	秋
F	雪	冬

2	3	5	6	8	9	10
自由律俳句	G・H	ア	イ	初句切れ	エ	例 雪の深さを確かめる

4	記号	切れ字
●	A	かな
●	C	や
●	F	けり
●	G	や

7	
●	万緑
●	(吾子の)歯

(●は順不同)

11	①	②	③	④	⑤	⑥
	D	E	C	G	H	B

2

①	②	③	④
スイミング	あやまち	昼食	幸福だ

解説

1

1 Dの俳句は、「芋」も「露」も秋の季語ではあるが、ここでは「芋の露」で一つの言葉として使われている。

2 「自由律俳句」は、季語や、五七五の約束ごとから自由になり、その瞬間の印象や心情の表現を重視するもの。

7 「万緑」は緑、「吾子の歯」は白。

8 「芋の露」から「連山」へと視点が移って意味が切れている。

9 「影を正しうす」は、居ずまいを正すかのようにくっきりと姿を現す様子を表現している。

10 気になってしかたなく、何度も尋ねてしまうのである。

最終チェック

俳句の決まりごとを覚えよう！

「や・かな・けり」などの切れ字は、その句の意味の切れめや、感動の中心を示す。

p.20～p.21 希望

◇

1	ⓐ	ナチスの余りにもむごい残虐な行為
	ⓑ	心の痛みに耐えきれなかった
2	(1)	ア
	(2)	強い意志と人間への信頼感 生き残れるという自信
3		例カロリーナには、自分が生還できたことの証明と未来の希望があるから。
4		ウ

解説

◇ **1** 「ナチスの余りにもむごい残虐な行為を黙って見過ごせなかった」「私が助けたのは、……心の痛みに耐えきれなかったからです。」とある。

2 (1)「希望だけが大切でした。……希望という小川が流れている限り、人間は耐えられる」というスタシャックさんの言葉に注目。(2)「むろん運もある。が、それだけではない。」のあとに注目。

3 傍線部の直後に注目。

4 「ほほえむカロリーナが見えたような気がした」のは、スタシャックさんの希望であるカロリーナに現代の若者を重ねて見ているからである。

最終チェック

筆者の取材の背景

・第二次世界大戦中、アドルフ・ヒトラー（一八八九年～一九四五年）の「夜と霧作戦」は、未曽有の大量虐殺へと突き進み、六百万人ともいわれるすさまじい数のユダヤ人の命が抹消された。生還できた人たちを、一九八六年の夏、筆者は冷戦時代さなかのポーランドで初めて取材した。

p.24～p.25 フロン規制の物語―〈杞憂〉と〈転ばぬ先の杖〉のはざまで ほか

大問	問		解答
1	1	(1)	スプレー缶のフロンは必須のものではないのだから規制すべきではないか（、という主張）
		(2)	具体的な証拠
	2		イ
	3		フロンによるオゾン層破壊によって被害を受ける可能性
	4		ウ
	5	(1)	例南極上空のオゾン量が異常に少なくなっていること。
		(2)	エ
	6		例一部のフロンの製造や使用を段階的に規制するというルール。
2			エ

解説

1 **1** 初めの段落の内容を読み取る。フロンの製造会社にとって都合の悪い主張が出されたので、製造会社は反論をしている。

2 同じ段落の最後で「……重要なことです」と述べられていることに注目する。

3 「転ばぬ先の杖」とは、前もってあらゆる可能性に用心していれば失敗しなくてすむという意味。フロンによる悪影響の可能性を探せばよい。

5 (1)すぐ後の部分から、日本の南極観測隊が見つけたものを読み取る。(2)「当初は……世界的な広がりをもっていきました。」とある。

6 このあとの「これによって、」以降の部分を問いに合うようにまとめる。

最終チェック

意見の対比を読み取ろう！

○慎重派〈転ばぬ先の杖〉→後悔しないためにフロンを規制しよう。
○積極派〈杞憂〉→不確実なのだからフロンを規制する必要はない。

p.28〜p.29 和歌の世界——万葉集・古今和歌集・新古今和歌集

1

1	2	3	4	5	6	7	8
エ	（夕波）千鳥	ⓐさらさらに ⓑ序詞	幸くあれ	例夢だとわかっていたなら、目を覚まさなかったのに。	明日	なかりけり	①D ②B ③G ④C ⑤F

2

1	2	3
Ⅰ葉 Ⅱ種	ウ	イ

解説

1 **1** 秋の風がすだれを揺らすのを恋しい人がやって来たと思ってしまうほど、待ち焦がれているのである。

3 「さらさらに」は「更にいっそう」という意味。

4 「幸くあれて」の「て」は、現代語の「と」と同じ。

5 夢に出てきたのは恋しい人なのである。

7 「けり」で意味が切れていることに注意。

2 **2** 「〜だろうか、いやそんなことはない」という反語の表現である。

3 歌とは、天地や精霊、男女、武士に至るまで、心を動かす力をもっていると述べている。

最終チェック

人の呼び方に注意！

Cの歌の「児」は、ここでは、男性が恋しい女性に対して用いる語。背＝夫　妹＝妻など、現代とは意味が違うことに注意しよう。

p.32〜p.33 おくのほそ道／言葉発見④

1

1	2	3	4	5	6	7
イ	田野	北上川南部〜見えたり。	例南部口を固めて蝦夷を防ぐ役目。	ア	ⓐ功名 ⓑ一時 ⓒ草むら	例兼房のしらが

2

1	2	3	4	5	6
ⓐりゅうしゃくじ ⓑとじて	例感じられる	一見すべき〜るによりて（によりて、）	エ	佳景寂寞と	ウ

3

ア

解説

1 **5** 芭蕉は、今では草むした藤原氏の栄華の跡に立ち、世の無常を感じている。

6 「功名一時の草むらとなる」が、俳句でうたわれている内容とほぼ同じ。

7 「卯の花」の白から、しらがを振り乱して戦っている兼房を連想したのである。

2 **2** 古語の「おぼゆ」に「記憶する」という意味はないので注意する。

4 俗世から隔てられたような場所として描かれている。

6 「閑かさや」と、切れ字があり、芭蕉の感動の中心はここにあるとわかる。

最終チェック

芭蕉の無常観を読み取ろう！

「平泉」では、藤原三代の栄華の跡に立ち、杜甫の「春望」を引用し、盛者必衰、世の無常を感じている。

p.36～p.37 論語／漢文の読み方

◇

1	2	3	4	5 (1)	5 (2)	5 (3)	6	7	8	9	10	11 ⓐ	11 ⓑ
イ	ウ	例人の道を外れない。	心の欲する所に従へども	温(メテ)レ故(キヲ)而知(ル)レ新(シキヲ)。	例人の師（先生）となる人。	温故知新	例自分がしてほしくないことは、人にしてはいけない。	ア	例なんと楽しいことではないか。	例人が自分のことを認めてくれないこと。	ウ	学ぶ	君子

解説

◇ **1** 十五で志した学問の道が、ある程度形になって、役立つようになったということ。

3 「矩（のり）」は人の道という意味。

5 (1)一字上に返るので、レ点を使う。(2)「以（もっ）て師と為（な）るべし。」とある。

7 「朋（とも）」は広く「友」という意味をもつが、ここでは単なる遊び友だちではない。

9 「人知らずして」は、人が自分のことを認めてくれなくても、という意味。

10 人が自分のことを認めてくれなくても不満を抱かないことに対して、「立派な人物」と述べている。

最終チェック

↓故事成語をチェックしよう！

中国の古典作品からは、たくさんの故事成語ができている。漢字や意味、使い方を確かめておこう。

p.38～p.39 情報社会を生きる――メディア・リテラシー ほか

1 1 A	1 1 B	1 2	1 3	1 4	1 5	2 (1) ①	2 (1) ②	2 (2) ①	2 (2) ②
建設的に「批判」する	積極的につき合う	社会をそのまま鏡のように映し出したもの	イ	イ	ウ	イ	ア	ア	イ

解説

1 **1** メディア・リテラシーの定義は初めの段落に示されている。受け手として、発信者としてのメディア・リテラシーをそれぞれまとめる。

2 取捨選択や編集のされていない現実そのものという意味の言葉をニュースの例から抜き出す。

3 編集機能とは、ある観点に基づいて手が加えられるはたらきのことである。

5 **エ**は、メディアが意図的に私たちを試しているわけではないので不適切。

2 (1)は①の「ほんとだ」「なるね」、(2)は②の「しようよ」というくだけた言い方に注目する。「にしたがって」「において」は硬い印象の表現。

最終チェック

↓メディア・リテラシーが必要だとする筆者の考えを読み取ろう！

メディアの情報＝現実そのものではない。↓だから、
・メディアの情報を読み解く能力。
・メディアを使って効果的に表現する能力。
｝↓両方が必要。

p.40～p.41 初恋／言葉発見⑤

1

1 オ
2 七五（調）
3 薄紅の秋の実
4 ウ
5 例近くなっている。
6 イ
7 ア
8 (1) 君（が）われ（に尋ねた。）
(2) 例誰が最初に通り始めてできた跡なのでしょうね。
9 第一連 ウ　第二連 ア　第三連 エ　第四連 イ

2

① イ　② オ　③ カ

解説

1

4 花櫛（はなぐし）の花のように華やかで美しいあなたという意味。

5 「われ」のためいきが「君」の髪の毛にかかるほど、二人は寄り添っている。

6 「われ」が恋を得た喜びに酔っていることを、「～ようだ」という言葉をつけずに表現している隠喩。

7 「おのづから」は、「自然に」という意味。

8 二人が通ったことで、林檎（りんご）畠（ばたけ）の木の下に細い道ができた。そのことをわかっていながら「誰が最初に通ったのだったかしら」と尋ねて、「君」が「われ」に甘えている。

9 少女との出会いから、初恋の始まり、恋が成就（じょうじゅ）したことの喜び、恋の深まりへと、時間の流れに沿ってうたっている。

最終チェック

詩の形式を確認しよう！

・口語＝現代の言葉　・文語＝昔の言葉
・定型詩＝音数にきまりがある「まだあげ初めし／前髪の」七／五
・自由詩＝音数にきまりがない・散文詩＝普通の文章のような形

p.44～p.45 故郷①

◇

1 (1) ●艶のいい丸顔　●血色のいい丸々した手
(2) 兄弟の仲
(3) イ
2 エ
3 Ⅰ 例「私」と久しぶりに会えたこと。
Ⅱ 例身分の違いから、昔のように「私」と親しくできないこと。
4 ウ
5 (1) だんな様（！）
(2) 例身分や境遇の違い

（●は順不同）

解説

◇

1 (3)周りが赤く腫れた目や節くれだってひび割れた太い手からは、厳しい労働を続けていることがわかる。また、服装や持ち物から、経済的に苦しい暮らしぶりがわかる。

2 閏土（ルントー）の変わりように長い時間の隔たりを実感し、子供の頃と同じようには話を切り出せなかったことがうかがえる。

3 「寂しさ」については、このあとの他人行儀な閏土の態度から考える。

4 「らしかった」とあるように、身震いを自覚できないほどの衝撃を受けたのである。

5 (2)かつては「私」を「迅（シュン）ちゃん」と呼んでいたのに、「だんな様！」と呼ばせたものである。

最終チェック

閏土（ルントー）の変化から「私」が味わった失望を読み取ろう！

昔
・兄弟のような仲の良さ
・心は神秘の宝庫
・自然の中での生き生きとした暮らしぶり

今
・他人行儀で恭（うやうや）しい態度
・苦しみを言い表しようもなく、とりとめのない話ばかり
・打ちひしがれて心がまひ

p.46～p.47 故郷②

1		2	3	4	5	6
ⓐ 心	ⓑ 隔絶	ウ	自分の周り	●無駄の積み重ねで魂をすり減らす生活 ●打ちひしがれて心がまひする生活 ●やけを起こして野放図に走る生活	イ	例 同じ希望に向かって努力する人が多くなれば、希望は実現されるということ。

（●は順不同）

解説

1 自分が味わった閏土（ルントー）との苦い再会と同じことが、宏児（ホンル）と水生（シュイション）の間でも起こりうると思い当たったのである。

2 「目に見えぬ高い壁」「自分だけ取り残された」などから孤立感を読み取る。遠ざかる故郷を眺めながら、「名残惜しい気はしない」と思っている点にも注意。

5 「偶像」は、実体がないものという否定的な意味で使われている。「手製」は、自分で勝手に作るという意味。

6 「希望」を道にたとえている。比喩内容を説明するときには、たとえられているものが明確になるように注意する。

最終チェック

「私」の希望を象徴している情景に着目する！

・最後の場面の「海辺の広い緑の砂地」、その上の「紺碧（こんぺき）の空」にかかる「金色の丸い月」。

→故郷への失望と決別の果てに、「私」が夢見るようになった、新しい理想の生活を表している。

p.48～p.49 「文殊（もんじゅ）の知恵」の時代

1	2	3	4 (1)	4 (2)
例 急速に変化し、複雑化している社会。	多様な価値観をもった人々が一緒に働き、あるいは一緒に暮らすような社会	●イ ●ウ	●他人の知識や経験を自分の知識や経験と結びつけて活用する力 ●価値観の全く違う人たちとも協力して一緒に考えていくことのできる力	ⓐ 違い ⓑ 尊重 ⓒ 折り合い

（●は順不同）

解説

1・2 指示語の指す内容は、前の部分にあることが多い。

3 初めの三つの段落の内容をおさえる。個人が社会で直面する問題、複雑化した社会で生じる問題、国際化した社会で起こる問題について、正しく述べたものを選ぶ。**ア**は「他を排除しつつ」が間違い、**エ**は「同じ価値観をもつ者が団結」が間違い、**オ**の「独力で生きていくべき」は文章中にない。

4 (2)四つめの段落に「すばらしい知恵を生み出すためには……」とある。空欄前後の言葉と文章の内容を照らし合わせてあてはめる。

最終チェック

「文殊（もんじゅ）の知恵」を生み出すために、最も大切なことは何かをおさえておこう！

筆者が最も注目することは、自分自身と相手の間にあるさまざまな「違い」である。決してそこから目をそむけてはいけない。徹底的に検証してうまく折り合いをつけていくことが、「文殊の知恵」を生み出すひけつである。

p.52～p.53 坊っちゃん

◇

1	2	3	4	5	6	7	8
ウ	例兄に、自分のために母が早く死んだと言われたこと。	何がだめな	イ	エ	ウ	例自分が本当にいい気性なら、清以外の者も、もう少し自分によくしてくれるだろうと思ったから。	ⓐお世辞 ⓑまっすぐ

解説

◇ **1** 母に「顔は見たくない」と言われたので、親類へ泊まっていたのである。人の言葉の裏を読まない、単純な「俺」の性格が読み取れる。

2 「兄に親不孝だと言われたこと。」などでも正解。

4 「俺」のために泣きながら父親に謝ってくれた清を、「気の毒」だと言っている。「俺」の性格からして素直な感謝の言葉こそないが、家族には見せない思いやりの気持ちを、清には見せている。

5 家族ももてあましている自分をかわいがるので「不審に考えた」と言っている。

7 すぐあとの文章に注目。自分に対する清の扱いと、他の人の扱いの違いに疑問をもっているのである。

最終チェック

「俺」の人物像を読み取ろう！

・「兄の横っ面を張って」「飛車を眉間へたたきつけてやった」
・「先方の言うとおり勘当されるつもり」
→直情的で、意地っぱりな人物だとわかる。

p.54～p.55 三年間の文法の総まとめ

1	2	3	3	4	5	6	7	8
①四	①ア	①ウ	⑥コ	①ア	①ア	ア	ア	①イ
②八	②イ	②カ	⑦イ	②イ	②イ			②ア
	③エ	③ア	⑧オ	③オ	③エ			③ア
	④ウ	④ケ	⑨エ	④ウ	④オ			
		⑤キ	⑩ク	⑤エ	⑤カ			

解説

1 文節を／で、単語を｜で分けると、「大雪警報｜で／臨時休校｜に／なっ｜た。」となる。

3 ①は体言を修飾するので連体詞、⑦は用言を修飾するので副詞。

5 ①・②はともに「ない」に続いているが、動詞が「ない」に続くときは未然形、形容詞と形容動詞が続くときは連用形になる。

6 「たとえ～ても」と呼応。

7 例文と**ア**は連体修飾、**ウ**は名詞の代用、**イ**は主語を示す。

8 ①**ア**は「愛らしい」で形容詞。②**イ**は形容詞の「ない」。③**イ**は「華やかだ」で形容動詞。

最終チェック

助詞の意味、助動詞のはたらきも覚えておこう！

意味用法が同じものを選ぶ、または一つだけ異なるものを選ぶ問題が頻出。意味やはたらき、接続をよく確かめておこう。

p.56～p.57 高瀬舟

1	2	3	4 (1)	4 (2)	5
剃刀を抜い～抜いてくれ	ア	●イ ●ウ	例喜助が弟の命を絶ったのは、弟を苦から救うためだったから。	安楽死	ウ

（●は順不同）

解説

1 最後の段落に、「弟は……と言った。」とある。

2 弟を死なせるという厳しい決断を実行した直後の虚脱した状態である。

3 直後の「これは半年ほどの間、……みたのと、……みさせられたのとのためである。」から、二つ捉える。

4 (1)喜助の行為が果たして人殺しにあたるだろうかという疑いについて、あとで「苦から救ってやろうと思って命を絶った。それが罪であろうか。」と考えている。(2)命が助かる見込みがない者の苦しみを除くための死を「安楽死」という。

5 喜助の話を聞いて、庄兵衛が「罪であろうか」と何度も考えていることから捉える。

最終チェック

喜助と庄兵衛の人物像をつかむ！

・喜助…貧しいが、欲がなく、足ることを知っている人物。
・庄兵衛…貧しくはないが、生活に満足を覚えたことがなく、幸いとも不幸とも感じずに過ごしている。

p.58～p.59 サシバ舞う空

1 ⓐ	1 ⓑ	2	3	4 (1)	4 (2) ⓐ	4 (2) ⓑ	4 (3)
例体の芯からぷとぅぷとぅ	例ぶるぶると震えて	ウ	例サシバがタルタの腕の中に飛び込んできたこと。	青目	例どきどきしながら、小さな魚を差し出した	例目をむき、口をかっと開けて、タルタに向かってきた	例タカ（サシバ）は誇り高い生き物で、そう簡単に人の手から餌は食べないものだから。

解説

1 直前の「タルタを体の芯から、……揺さぶります。タルタは……震えていました。」に注目。

2 「次々と声をかけ合い、……アダン林へと走りだしました。」からも、たくさんの島の人々がいることがわかる。

3 「サシバが人の腕の中に飛び込んでくるなんて見たこともありません。」から、ムサじいの驚きがわかる。

4 (1)「大人になる前の若いタカ」の目である。(2)タルタの行動とそれに対するサシバの反応を捉える。(3)「タカはね、誇り高い生き物だよ。そう簡単に、……食わんさー。」というムサじいの言葉に注目。

最終チェック

物語の中に登場する特別な言葉

・ミーニス…秋の訪れを知らせる初めての北風。
・アダン…亜熱帯から熱帯の海岸近くに生育する木。葉を加工してヒモにしたり、カゴを編む素材にしたりする。「サシバ舞う空」の中では、サシバにつけるひもとして使われている。
・タカジューシー…タカの肉を使って作る雑炊。

p.60～p.61　近世の短詩――俳句・川柳・狂歌

◇

1	2	3	4	5				6	7	8	9	10
				A	B	C	D					
や	ア	ふうはりふはり	つるべ	Ⅰ 蛙 Ⅱ 春	Ⅰ さみだれ Ⅱ 夏	Ⅰ 雪 Ⅱ 冬	Ⅰ 朝顔 Ⅱ 秋	親心	例古池に蛙が飛び込んだ水音。	イ	例歌よみは下手がよい。(上手に詠んで)天地が動き出したらたまったものではない。	イ

解説

◇

1　「や・かな・けり」などが切れ字である。

2　「さみだれ」は「五月雨」で梅雨。たくさん雨が降って、大河に水もずいぶん増し、自然の脅威を感じさせる。

4　「つるべ」は、井戸水をくむために、縄などの先につけておろす桶のこと。朝顔のつるがからまって、つるべが使えないのである。

5　季語は旧暦での季節感に沿って決まっている。

6　眠ってもなお、子供を思う気持ちは続いている。

8　小判は、当時の庶民にとってはなかなか手にする機会のない大金である。

9　「古今和歌集　仮名序」の「力をも入れずして天地を動かし」を下敷きにしている。

最終チェック

それぞれの短詩形式の特徴をつかもう！

俳句…季語・季節と切れ字→季節感や自然への感動

川柳…無季・滑稽・風刺・機知などを表現→おもしろさはどこか

狂歌…短歌形式で、おどけた内容→ことば遊びや発想の転換

p.62～p.63　「ありがとう」と言わない重さ

◇

1	2		3		4			5
	ⓐ	ⓑ	(1)	(2)	ⓐ	ⓑ	ⓒ	
例淡々とした態度。(私たちの好意を淡々と受け取る態度。)	例二か月分の給料にあたるお金	例おせんべつをさしあげたことを忘れずに、いつかなんらかの形で報いようと思い続け、それを実行された心がありがたかった	春の砂嵐、	何軒かでア～で行うこと	助ける	助けられる	相互依存(助け合い)	イ

解説

◇

1　直後の「私たちの好意を淡々と受け取っておられました」に注目。

2　感激した内容を、「その金額もさることながら、……その心がありがたくて」の部分から読み取る。

3　(1)モンゴルの自然・生活環境について、直前の文で具体的に述べられている。(2)――線③を含む文の前半に注目する。

4　「モンゴル人が」から始まる段落に、モンゴル人の生活が「相互依存によって成り立っている」とある。これは、続く段落の「今日助けることは……であり、今日助けられることは……につながっている生活」にあたる。

5　『する』こと」とは、実際に行動することである。

最終チェック

ユルール(祝詞)の中の縁起のいい言葉

「沸いたお茶は黒砂糖になれ／訪ねた家は豊かになれ」

…お茶を供してくれた家の好意に対する感謝の気持ち。

p.64 武器なき「出陣」——千本松原が語り継ぐ

1	2	3
たびたびできあがった堤が壊された	イ	幕府が相手ではなく、木曽の三つの川を相手に戦うのだ(。)

解説

1 ——線①の直後に「たびたびできあがった堤が壊されたのである。」と、「事件」の内容が述べられている。

2 できあがった堤を壊されるばかりでなく、抗議のために仲間を失っていくことが辛かったのである。

3 あからさまな嫌がらせをしかけてくる幕府（の役人）に対する、平田靱負の一貫した態度を読み取る。立ち向かう相手は幕府ではなく、川であると述べている。

最終チェック

平田靱負の不屈の精神を読み取ろう！

・日本国のために同胞の難儀を救うのは人としての本分。
・幕府が相手ではなく、木曽の三つの川を相手に戦うのだ。
↓
御家断絶を防ぎ薩摩藩を守る。

四字熟語

□**悪戦苦闘**（あくせんくとう）　苦しみながら努力すること。

□**暗中模索**（あんちゅうもさく）　手がかりのないまま、いろいろとやってみること。

□**異口同音**（いくどうおん）　皆が同じことを言うこと。

□**以心伝心**（いしんでんしん）　黙っていても気持ちが相手に通じること。

□**一日千秋**（いちじつせんしゅう）　非常に待ち遠しいこと。

□**一石二鳥**（いっせきにちょう）　一つの行為から二つの利益を得ること。

□**一朝一夕**（いっちょういっせき）　わずかな月日。

□**意味深長**（いみしんちょう）　言外に他の意味を含むこと。

□**右往左往**（うおうさおう）　うろたえ騒ぐこと。

□**栄枯盛衰**（えいこせいすい）　栄えたり衰えたりすること。

□**我田引水**（がでんいんすい）　自分に都合のよいようにすること。

□**勧善懲悪**（かんぜんちょうあく）　善をすすめ、悪をこらしめること。

□**危機一髪**（ききいっぱつ）　危ない瀬戸際。

□**起承転結**（きしょうてんけつ）　物事の順序・組み立て。

□**喜怒哀楽**（きどあいらく）　さまざまな人間感情の総称。

□**金科玉条**（きんかぎょくじょう）　ぜひとも守らなければならない、大切な法則。

□**空前絶後**（くうぜんぜつご）　過去・未来にわたって例のないこと。

□**呉越同舟**（ごえつどうしゅう）　敵と味方が一緒にいること。

□**五里霧中**（ごりむちゅう）　どうしてよいか見当のつかないさま。

□**言語道断**（ごんごどうだん）　もってのほかのこと。

□**自画自賛**（じがじさん）　自分で自分をほめること。

□**四苦八苦**（しくはっく）　非常な苦しみ。

□**自業自得**（じごうじとく）　自分のした行為の報いを自分の身に受けること。

□**事実無根**（じじつむこん）　事実に基づいていないこと。

□**質実剛健**（しつじつごうけん）　飾り気がなく、真面目でたくましいこと。

□**四面楚歌**（しめんそか）　助けがなく、周りが敵や反対者ばかりであること。

□**弱肉強食**（じゃくにくきょうしょく）　強者が弱者を征服して栄えること。

□**縦横無尽**（じゅうおうむじん）　思うままに振る舞うこと。

□**取捨選択**（しゅしゃせんたく）　よいものを取り、悪いものを捨てること。

□**枝葉末節**（しようまっせつ）　主要でない細かいことがら。

□**支離滅裂**（しりめつれつ）　ばらばらで筋道の立たないさま。

□**心機一転**（しんきいってん）　何かをきっかけとして気持ちが変わること。

□**針小棒大**（しんしょうぼうだい）　小さなことを大げさに言うこと。

□**責任転嫁**（せきにんてんか）　責任を他になすりつけること。

□**絶体絶命**（ぜったいぜつめい）　追いつめられて、どうにもならないこと。

□**千差万別**（せんさばんべつ）　それぞれに違っていること。

□**前代未聞**（ぜんだいみもん）　今まで聞いたことがないこと。

□**千変万化**（せんぺんばんか）　さまざまに変化すること。

□**大器晩成**（たいきばんせい）　大人物は遅れて大成すること。

□**泰然自若**（たいぜんじじゃく）　落ち着いて物事に動じないさま。

□**大同小異**（だいどうしょうい）　それほど大きな違いがないこと。

□**単刀直入**（たんとうちょくにゅう）　ずばりと重要な点を突くこと。

□**朝令暮改**（ちょうれいぼかい）　命令・法令がたえず変わること。

□**適材適所**（てきざいてきしょ）　能力に合う地位や仕事を与えること。

□**徹頭徹尾**（てっとうてつび）　初めから終わりまで変わらないさま。

□**東奔西走**（とうほんせいそう）　あちこち駆け回ること。

□**日進月歩**（にっしんげっぽ）　絶え間なくどんどん進歩すること。

□**馬耳東風**（ばじとうふう）　人の意見や批評などを聞き流すこと。

□**半信半疑**（はんしんはんぎ）　半ば信じ、半ば疑うこと。

□**不言実行**（ふげんじっこう）　あれこれ言わず黙って実行すること。

□**付和雷同**（ふわらいどう）　訳もなく他人の説に同意すること。

□**傍若無人**（ぼうじゃくぶじん）　人に構わず勝手に振る舞うこと。

□**無我夢中**（むがむちゅう）　あることに心を奪われて、我を忘れること。

□**無味乾燥**（むみかんそう）　内容に少しもおもしろみがないこと。

□**優柔不断**（ゆうじゅうふだん）　ぐずぐずして決断力に乏しいこと。

□**有名無実**（ゆうめいむじつ）　名ばかりで実質を伴わないこと。

□**用意周到**（よういしゅうとう）　準備が十分に行き届いていること。

□**竜頭蛇尾**（りゅうとうだび）　初めは盛んで終わりが振るわないこと。

中間・期末の攻略本

テストに出る！

5分間攻略ブック

三省堂版

国語
3年

教科書の漢字をすべて出題

国語の重要ポイント総まとめ
<文法・古典など>

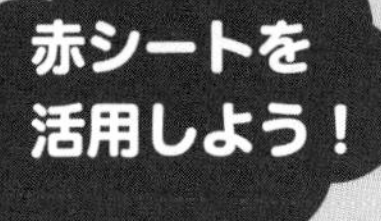

テスト前に最後のチェック！
休み時間にも使えるよ♪

「5分間攻略ブック」は取りはずして使用できます。

★は新出漢字の教科書本文外の読み方です。

握手　教 p.20~p.31

☑① 汚れたシャツをセンタクする。	①洗濯
☑② 滅多に手に入らないシロモノ。	②代物
☑③ 昔のキオクがよみがえる。	③記憶
☑④ オダヤカな話し方。	④穏やか
☑⑤ 都市のコウガイから通学する。	⑤郊外
☑⑥ 彼は酒屋のゴナンボウだ。	⑥五男坊
☑⑦ 猫がツメを研ぐ。	⑦爪
☑⑧ 熟れたトマトがツブレル。	⑧潰れる
☑⑨ 原野をカイコンする。	⑨開墾
☑⑩ 試験場のカントクカン。	⑩監督官
☑⑪ ダイニホンテイコク憲法。	⑪大日本帝国
☑⑫ 好きなみそシルの具。	⑫汁
☑⑬ バチあたりな振る舞い。	⑬罰
☑⑭ クセになる味の飲み物。	⑭癖
☑⑮ ゴウマンな態度をたしなめる。	⑮傲慢
☑⑯ 相手より先にアヤマル。	⑯謝る
☑⑰ 友人の顔がノウリに浮かぶ。	⑰脳裏
☑⑱ 戦後，ヤミイチが開かれた場所。	⑱闇市
☑⑲ 国賓が和食をメシアガル。	⑲召し上がる
☑⑳ 領地をブンカツする。	⑳分割
☑㉑ 貴重な時間をサク。	㉑割く
☑㉒ 友人のジョウダンで爆笑する。	㉒冗談
☑㉓ 故人のユイゴンに従う。	㉓遺言
☑㉔ ヘイボンな日々を送る。	㉔平凡
☑㉕ 恩師のイッシュウキの法要。	㉕一周忌
☑㉖ 良性のシュヨウが見つかる。	㉖腫瘍
☑㉗ ソウシキで弔辞を読む。	㉗葬式
☑㉘★ オントウな対応を求める。	㉘穏当
☑㉙★ 軽やかにギターをツマビク。	㉙爪弾く
☑㉚★ 犯罪組織がカイメツする。	㉚潰滅〈壊滅〉
☑㉛★ クジュウを飲まされる。	㉛苦汁
☑㉜★ 恩赦(しゃ)で刑(けい)バツが軽くなる。	㉜罰
☑㉝★ アクヘキを直すよう努める。	㉝悪癖
☑㉞★ 通常国会がショウシュウされる。	㉞召集
☑㉟★ ハレモノにさわるような扱い。	㉟腫れ物

漢字を身につけよう 1　教 p.38

☑① ボートをテイコに格納する。	①艇庫
☑② 港のトッテイに立つ。	②突堤
☑③ 本州最北端のミサキ。	③岬
☑④ うわさにホンロウされる。	④翻弄
☑⑤ サゲンにかじをとる。	⑤左舷
☑⑥ リンカクがぼやける。	⑥輪郭
☑⑦ 雪を頂いたミネが見える。	⑦峰
☑⑧ イケイの念を抱く。	⑧畏敬
☑⑨ キュウリョウに囲まれた町。	⑨丘陵
☑⑩ ケイリュウで釣りをする。	⑩渓流
☑⑪ 窓からタキが見える宿。	⑪滝
☑⑫ コハンにある別荘（べっそう）に行く。	⑫湖畔
☑⑬ 牛のチチシボリをする。	⑬乳搾り
☑⑭ アカツキの頃に鳴く鳥。	⑭暁
☑⑮ 広い露天風（ぶ）ロが人気の宿。	⑮呂
☑⑯ 体のシンまで冷える。	⑯芯
☑⑰ 新しいゴラクシセツができる。	⑰娯楽施設
☑⑱ 人生のハンリョを得る。	⑱伴侶
☑⑲ チキに再会する。	⑲知己
☑⑳ オノレの本分を忘れない。	⑳己
☑㉑ 会えば挨拶をカワス仲。	㉑交わす
☑㉒ マコトに申し訳ない。	㉒誠
☑㉓ 将来は介護の職にツク。	㉓就く
☑㉔ 日本の歴代のシュショウ。	㉔首相
☑㉕★ 河川のツツミの上を歩く。	㉕堤
☑㉖★ 過酷な運命にモテアソバレル。	㉖弄ばれる
☑㉗★ レイホウとして信仰される山。	㉗霊峰
☑㉘★ 神をもオソレナイ所業。	㉘畏れない〈恐れない〉
☑㉙★ オカの上の家に住む。	㉙丘

「批判的に読む」とは　教 p.40~p.43

☑① 他人のアラサガシをする。	①粗探し
☑② 調味料をギンミして使う。	②吟味
☑③★ ソザツなつくりの商品。	③粗雑

間の文化　教 p.44~p.51

☑① ドアのスキマから中をのぞく。	①隙間〈透き間〉

新出漢字

★は新出漢字の教科書本文外の読み方です。

- ☑② 玄関のドアにカギをかける。　②鍵
- ☑③ キュウテイの音楽家。　③宮廷
- ☑④ ジュウコウな造りの屋敷。　④重厚
- ☑⑤ シバイの稽古をする。　⑤芝居
- ☑⑥ 和室でコトを弾く。　⑥琴
- ☑⑦ つないだ縄をタチキル。　⑦断ち切る
- ☑⑧ 自分はエンリョして他に譲(ゆず)る。　⑧遠慮
- ☑⑨ 相手の長所をホメル。　⑨褒める
- ☑⑩ シンボウエンリョが裏目に出る。　⑩深謀遠慮
- ☑⑪ セマイ土地に建つ家。　⑪狭い
- ☑⑫ 自己嫌悪(けんお)にオチイル。　⑫陥る
- ☑⑬★ ケンバン楽器の奏者。　⑬鍵盤
- ☑⑭★ キンセンに触れた一冊の本。　⑭琴線
- ☑⑮★ 机と机の間をセバメル。　⑮狭める
- ☑⑯★ カンボツした道路を補修する。　⑯陥没

漢字のしくみ　四字熟語　教 p.58~p.59

- ☑① ゴエツ同舟(どうしゅう)で乗り切る。　①呉越
- ☑② ゴリムチュウの状況を脱した。　②五里霧中
- ☑③ オンコウトクジツな人だ。　③温厚篤実
- ☑④ 臥(が)シン嘗胆(しょうたん)の日々。　④薪
- ☑⑤ コンセツテイネイな説明。　⑤懇切丁寧
- ☑⑥ 時にはコウチセッソクも重要。　⑥巧遅拙速
- ☑⑦ コグンフントウして書き上げる。　⑦孤軍奮闘
- ☑⑧ シュビイッカンした考え。　⑧首尾一貫
- ☑⑨ 好奇心がオウセイな子供。　⑨旺盛
- ☑⑩ 政府のシモン機関。　⑩諮問
- ☑⑪ コセキトウホンの記載事項。　⑪戸籍謄本
- ☑⑫ 日本のツツ浦々(うらうら)の名産品。　⑫津々〈津津〉
- ☑⑬ 大自然のシンラバンショウ。　⑬森羅万象
- ☑⑭ ワヨウセッチュウの料理。　⑭和洋折衷
- ☑⑮ シンザンユウコクに踏み入る。　⑮深山幽谷
- ☑⑯ チンモクカゲンな祖父。　⑯沈黙寡言
- ☑⑰ ナイユウガイカンの時代が続く。　⑰内憂外患
- ☑⑱ ゲイインバショクで体を壊す。　⑱鯨飲馬食
- ☑⑲ カンコツダッタイした作品。　⑲換骨奪胎
- ☑⑳★ 深いキリに包まれた森。　⑳霧

☑㉑★ 山中でタキギを拾う。	㉑薪
☑㉒★ 相手の攻撃をタクミにかわす。	㉒巧み
☑㉓★ 幼児の書いたツタナイ文字。	㉓拙い
☑㉔★ 自分の意見をツラヌク。	㉔貫く
☑㉕★ 重要な問題を会議にハカル。	㉕諮る
☑㉖★ 日本語の乱れをウレエル。	㉖憂える
☑㉗★ クジラを展示する水族館。	㉗鯨

漢字を身につけよう２　教 p.60

☑① マタとない絶好の機会を得る。	①又
☑② 勇猛(ゆうもう)カカンに立ち向かう。	②果敢
☑③ シップウジンライの立ち回り。	③疾風迅雷
☑④ ザンテイ首位の選手。	④暫定
☑⑤ 他人の幸せをウラヤム。	⑤羨む
☑⑥ ジュンプウマンパンな暮らし。	⑥順風満帆
☑⑦ 校庭をシャニムニ走り回る。	⑦遮二無二
☑⑧ 水泳大会のヒョウショウシキ。	⑧表彰式
☑⑨ ハクシュカッサイで幕を閉じる。	⑨拍手喝采
☑⑩ 昨夜のアラシが過ぎ去る。	⑩嵐
☑⑪ 説明にトウホンセイソウする。	⑪東奔西走
☑⑫ 反対意見がキャッカされる。	⑫却下
☑⑬ 計画をハクシテッカイする。	⑬白紙撤回
☑⑭ 開発事業がトンザした。	⑭頓挫
☑⑮ 引退はイカンセンバンだ。	⑮遺憾千万
☑⑯ ボウジャクブジンな態度をとる。	⑯傍若無人
☑⑰ シツジツゴウケンな人柄。	⑰質実剛健
☑⑱ 明治時代のハイハンチケン。	⑱廃藩置県
☑⑲ キンキチホウの天気予報。	⑲近畿地方
☑⑳ ジョウモンジダイの土器。	⑳縄文時代
☑㉑ 伊勢(いせ)ジングウに参拝する。	㉑神宮
☑㉒ 海外でムシャシュギョウする。	㉒武者修行
☑㉓ イッチョウイッセキでは不可能。	㉓一朝一夕
☑㉔ ソッセンレイコウして仕上げる。	㉔率先励行
☑㉕★ 船員がホバシラに上る。	㉕帆柱
☑㉖★ 会話をサエギル。	㉖遮る

俳句の世界／俳句十句　教 p.62~p.70

☑① 犬の優れたチョウカク。	①聴覚

★は新出漢字の教科書本文外の読み方です。

☑② 森林のサワヤカな空気。	②爽やか
☑③★ 演奏会でクラシックをキク。	③聴く
☑④★ 気分がソウカイになる音楽。	④爽快

希望　教 p.78~p.83

☑① 不安で胸がサワグ。	①騒ぐ
☑② 犯人タイホにつながる情報。	②逮捕
☑③ ミゾウの事件が起きた年。	③未曽有
☑④ 事故からセイカンした人の話。	④生還
☑⑤ 人口のバランスがクズレル。	⑤崩れる
☑⑥ 他人からのソクバクを嫌う。	⑥束縛
☑⑦ キョウキに陥った画家の絵。	⑦狂気
☑⑧ 度重なる侮辱にタエル。	⑧耐える
☑⑨ ガシにより絶滅した動物。	⑨餓死
☑⑩ シュウジンを収容する。	⑩囚人
☑⑪★ 深夜のソウオンに悩まされる。	⑪騒音
☑⑫★ ソウソフのお墓に参る。	⑫曽祖父
☑⑬★ ホウカイ寸前の建物。	⑬崩壊
☑⑭★ 規則にシバラレル。	⑭縛られる
☑⑮★ 方向感覚がクルウ。	⑮狂う
☑⑯★ タイスイ性が上がった新商品。	⑯耐水

漢字を身につけよう３　教 p.86

☑① ギキョクを書いた作家。	①戯曲
☑② 現代語にショウヤクする。	②抄訳
☑③ かぎカッコをつけた箇所。	③括弧
☑④ 小説をいろどる美しいサシエ。	④挿絵
☑⑤ 小説のコウガイを書く。	⑤梗概
☑⑥ 恐ろしさにセンリツが走る。	⑥戦慄
☑⑦ 仏のソゾウを制作する。	⑦塑像
☑⑧ 女王のショウゾウガ。	⑧肖像画
☑⑨ 木のガングで遊ぶ。	⑨玩具
☑⑩ 企画のボンヨウさを指摘される。	⑩凡庸
☑⑪ シュウイツな作品に出会う。	⑪秀逸
☑⑫ みんなのショウケイの的。	⑫憧憬
☑⑬ 外国の文化をモホウする。	⑬模倣
☑⑭ 劇団をシュサイする。	⑭主宰
☑⑮ 連歌やハイカイが流行する。	⑮俳諧

☐⑯　チュウゾウの工程を見学する。	⑯鋳造
☐⑰　ジュクの宿題を済ませる。	⑰塾
☐⑱　半紙にレイショで書く。	⑱隷書
☐⑲　「バクシュウの候」と書き出す。	⑲麦秋
☐⑳　キタル九月にオープンの店。	⑳来る
☐㉑　親子連れが公園にツドウ。	㉑集う
☐㉒　人前で褒められてオモハユイ。	㉒面はゆい
☐㉓　王の前でオモテを上げる。	㉓面
☐㉔　優勝者がカンキワマル。	㉔感極まる
☐㉕　ゴクジョウのお茶が手に入る。	㉕極上
☐㉖★短いソウワを集めた本。	㉖挿話
☐㉗★アコガレていた職業に就く。	㉗憧れ
☐㉘★合金のイモノを製造する。	㉘鋳物

フロン規制の物語――〈杞憂〉と〈転ばぬ先の杖〉のはざまで　教 p.88~p.97

☐①　ムショクムシュウの液体。	①無色無臭
☐②　エアコンに使われるレイバイ。	②冷媒
☐③　ケショウヒンが置かれた棚。	③化粧品
☐④　空きカンを回収する。	④缶
☐⑤　センジョウザイで汚れを落とす。	⑤洗浄剤
☐⑥　ワズカな差が勝敗を分ける。	⑥僅(僅)か
☐⑦　ヤッカイなことは避ける。	⑦厄介
☐⑧　観葉植物の根がクサル。	⑧腐る
☐⑨　国民は法のモトに平等である。	⑨下
☐⑩　セイソウケンを突破する。	⑩成層圏
☐⑪　関連キギョウを合併する。	⑪企業
☐⑫　フメイリョウな言葉。	⑫不明瞭
☐⑬　ヒッスの条件を満たす。	⑬必須
☐⑭　数々の困難にソウグウする。	⑭遭遇
☐⑮　ジュウナンに対処する。	⑮柔軟
☐⑯★鍋(なべ)がこげクサイ。	⑯臭い
☐⑰★嫌なニオイが立ち込める。	⑰臭い
☐⑱★接戦の末，キンサで勝利した。	⑱僅(僅)差
☐⑲★フハイした肉を食べる動物。	⑲腐敗
☐⑳★海外移住をクワダテル。	⑳企てる
☐㉑★ひどい目にアウ。	㉑遭う
☐㉒★ヤワラカな地盤を改良する。	㉒軟らか

★は新出漢字の教科書本文外の読み方です。

漢字を身につけよう４　教 p.106

☑① スイソウで金魚を飼う。	①水槽
☑② 虎がキバをむく。	②牙(牙)
☑③ 大きなウワアゴの骨。	③上顎
☑④ カッショクに焼けた肌。	④褐色
☑⑤ ワカゴマが馬場を疾走する。	⑤若駒
☑⑥ ツバサの大きな鳥。	⑥翼
☑⑦ サンゴショウの保全に努める。	⑦礁
☑⑧ キッキンの問題を解決する。	⑧喫緊
☑⑨ ゼツメツキグシュの保護。	⑨絶滅危惧(惧)種
☑⑩ フンコツサイシンの覚悟で臨む。	⑩粉骨砕身
☑⑪ 実現のためにギセイを払う。	⑪犠牲
☑⑫ シンチョウに作業を進める。	⑫慎重
☑⑬ 条約のヒジュン手続き。	⑬批准
☑⑭ 陸上競技で新記録をネラウ。	⑭狙う
☑⑮ 相手の侵入をソシする。	⑮阻止
☑⑯ テンネントウが根絶する。	⑯天然痘
☑⑰ 体内のショウカコウソの働き。	⑰消化酵素
☑⑱ 虫のブンピツ液。	⑱分泌
☑⑲ ショウサンの化合物。	⑲硝酸
☑⑳ 日本有数のスイゴウチタイ。	⑳水郷地帯
☑㉑ ケイコクを流れる川。	㉑渓谷
☑㉒ ドシャサイガイに備える。	㉒土砂災害
☑㉓ 河川のシンセンを測る。	㉓深浅
☑㉔ 多忙な母のスケ太刀をする。	㉔助
☑㉕★ ゾウゲで作られた印鑑。	㉕象牙(牙)
☑㉖★ ガクカンセツ症を治す。	㉖顎関節
☑㉗★ 航空機のシュヨクの役割。	㉗主翼
☑㉘★ 大きな岩を打ちクダク。	㉘砕く
☑㉙★ 私語をツツシム。	㉙慎む
☑㉚★ 軍隊のソゲキ兵。	㉚狙撃

和歌の世界――万葉集(まんようしゅう)・古今和歌集(こきんわかしゅう)・新古今和歌集(しんこきんわかしゅう)　教 p.108～p.117

☑① 「コキン和歌集」を読む。	①古今
☑② 残念そうにカシラを振る。	②頭
☑③ 川のセで遊ぶ。	③瀬
☑④ 波の静かなウラ。	④浦

おくのほそ道　教 p.120~p.129

☑① 向こう岸まで渡るフネ。	①舟〈船〉
☑② ショウガイをかけて研究する。	②生涯
☑③ いい天気にサソワレル。	③誘われる
☑④ ヒョウハクの詩人と呼ばれた人。	④漂泊
☑⑤ 順番をユズル。	⑤譲る
☑⑥ 避暑地にベッソウを建てる。	⑥別荘
☑⑦ 全国の神社をメグル。	⑦巡る
☑⑧ セイカンとした寺の境内。	⑧清閑
☑⑨ 山のフモトの村に行く。	⑨麓
☑⑩ 部屋の窓からカケイを眺める。	⑩佳景
☑⑪★ 川でフナアソビに興じる。	⑪舟遊び〈船遊び〉
☑⑫★ シュウコウの客が桟橋に集まる。	⑫舟行〈舟航〉
☑⑬★ 食べ物のユウワクに負ける。	⑬誘惑
☑⑭★ 海辺の旅館にトマル。	⑭泊まる
☑⑮★ ケンジョウゴについて学ぶ。	⑮謙譲語
☑⑯★ 四国ジュンレイの旅に出る。	⑯巡礼
☑⑰★ サンロクにある集落。	⑰山麓

漢字を身につけよう５　教 p.138

☑① 各自治体のカンカツ。	①管轄
☑② 新カクリョウが勢ぞろいする。	②閣僚
☑③ 役員のヒメンを要求する。	③罷免
☑④ シュショウカンテイの警備。	④首相官邸
☑⑤ ハバツ間の争いが激化する。	⑤派閥
☑⑥ カンコク料理を食べる。	⑥韓国
☑⑦ 世界地図でイドを調べる。	⑦緯度
☑⑧ 大小のコフンが集まる地帯。	⑧古墳
☑⑨ 日本ハッショウのスポーツ。	⑨発祥
☑⑩ 個人的なことをセンサクされる。	⑩詮（詮）索
☑⑪ ヤヨイジダイの住居。	⑪弥生時代
☑⑫ カイヅカを調査する。	⑫貝塚
☑⑬ 中国から伝わったジュキョウ。	⑬儒教
☑⑭ ゼンシュウの教えを取り入れる。	⑭禅宗
☑⑮ メイソウが伝えた教典。	⑮名僧
☑⑯ カワラ屋根の家。	⑯瓦
☑⑰ ドウクツを探険する。	⑰洞窟

★は新出漢字の教科書本文外の読み方です。

☑⑱ ジュモンを唱える。	⑱呪文
☑⑲ 死者のオンネンにまつわる伝説。	⑲怨念
☑⑳ 眼前に広がる大海原。	⑳おおうなばら
☑㉑ 波止場から海を眺める。	㉑はとば
☑㉒ 早苗を植え替える。	㉒さなえ
☑㉓ 田に苗を植える早乙女。	㉓さおとめ
☑㉔ 白髪頭を黒く染める。	㉔しらが
☑㉕ 木綿のハンカチ。	㉕もめん
☑㉖ 芝生の上に座る。	㉖しばふ
☑㉗ 試合に差し支えるので減量する。	㉗さしつかえる
☑㉘ お巡りさんに道をたずねる。	㉘おまわりさん
☑㉙ 赤く色づいた紅葉の葉が舞う。	㉙もみじ
☑㉚★ 大きなホラアナに入る。	㉚洞穴
☑㉛★ 世をノロウようなできごと。	㉛呪う

情報社会を生きる──メディア・リテラシー 教 p.142~p.147

☑① シイテキに判断される。	①恣(恣)意的
☑② 事態の全容をハアクする。	②把握

漢字を身につけよう６ 教 p.154

☑① 生活費をカセグ。	①稼ぐ
☑② 代金をカップで支払う。	②割賦
☑③ 学資保険のヤッカン。	③約款
☑④ 脱税をインペイする。	④隠蔽(蔽)
☑⑤ 通行をサマタゲル。	⑤妨げる
☑⑥ 計画の中止をシサする。	⑥示唆
☑⑦ 権威がシッツイする。	⑦失墜
☑⑧ メイヨキソンにあたる事例。	⑧名誉毀損
☑⑨ ソンガイバイショウの責任。	⑨損害賠償
☑⑩ 民事でソショウを起こす。	⑩訴訟
☑⑪ ホウソウカイで名の知れた検事。	⑪法曹界
☑⑫ ジュウチンの意見を聞く。	⑫重鎮
☑⑬ 天皇の即位でオンシャが下りる。	⑬恩赦
☑⑭ 相当のケイバツが科される。	⑭刑罰
☑⑮ シッコウユウヨの期間。	⑮執行猶予
☑⑯ 適切にリョウジュウを管理する。	⑯猟銃
☑⑰ カケごとに没頭する。	⑰賭(賭)け

☑⑱ 制度がケイガイカする。	⑱形骸化
☑⑲ 休日はモッパラ釣りをしている。	⑲専ら
☑⑳ ブがいい仕事を見つける。	⑳歩
☑㉑ イチジルシイ発展を遂げる。	㉑著しい
☑㉒ 研究成果を論文にアラワス。	㉒著す
☑㉓ トウトイ経験をさせてもらう。	㉓貴い〈尊い〉
☑㉔ タットイ位の紳士。	㉔貴い〈尊い〉
☑㉕ 外国のリョカクキに乗る。	㉕旅客機
☑㉖★ 捜査をボウガイする。	㉖妨害
☑㉗★ 騒音の被害をウッタエル。	㉗訴える

故郷　教 p.162~p.177

☑① アヤシイ雲行きになる。	①怪しい
☑② キュウレキの八月。	②旧暦
☑③ コン碧（べき）の海。	③紺
☑④ マタの間をボールが転がる。	④股
☑⑤ 多くのヤトイ人が働く。	⑤雇い
☑⑥ 表面にツヤのある紙。	⑥艶
☑⑦ 飼い猫をデキアイする。	⑦溺（溺）愛
☑⑧ カゴいっぱいに果物を採る。	⑧籠
☑⑨ ひもをきつくユワエル。	⑨結わえる
☑⑩ 獰（どう）モウな虎を捕らえる。	⑩猛
☑⑪ ヘイを飛び越える。	⑪塀
☑⑫ ホオボネの張った顔。	⑫頬骨
☑⑬ クチビルが乾く。	⑬唇
☑⑭ サゲスムような表情を浮かべる。	⑭蔑む
☑⑮ サイフから紙幣を取り出す。	⑮財布
☑⑯ 体調を崩してヤセル。	⑯痩せる
☑⑰ キョウサクで米の収穫量が減る。	⑰凶作
☑⑱ 外国製のコウロをもらう。	⑱香炉
☑⑲ 洗濯とスイジを手伝う。	⑲炊事
☑⑳ ウスズミイロの雲が出てくる。	⑳薄墨色
☑㉑ エイユウとたたえられた人物。	㉑英雄
☑㉒ 作曲家のタマシイがこもった曲。	㉒魂
☑㉓ 飲み物をショモウする。	㉓所望
☑㉔ 仏のグウゾウをまつる。	㉔偶像
☑㉕ 神仏をスウハイする。	㉕崇拝

★は新出漢字の教科書本文外の読み方です。

☑㉖★ キキカイカイな出来事。	㉖奇々怪々〈奇奇怪怪〉
☑㉗★ 古代のコヨミを研究する。	㉗暦
☑㉘★ コカンセツに痛みを感じる。	㉘股関節
☑㉙★ コヨウを促進する。	㉙雇用
☑㉚★ 川でオボレかけた犬を助ける。	㉚溺（溺）れ
☑㉛★ 長時間アトリエにコモル。	㉛籠もる
☑㉜★ ケイベツに値する行為。	㉜軽蔑
☑㉝★ 飯ごうでお米をタク。	㉝炊く
☑㉞★ スイボクガの大家（たいか）の作品。	㉞水墨画
☑㉟★ いちょうの木のオバナ。	㉟雄花
☑㊱★ 執筆活動にセイコンを傾ける。	㊱精魂

漢字を身につけよう７　教 p.180

☑① ジギにかなった服装を心掛ける。	①時宜
☑② 順位の下落がハナハダシイ。	②甚だしい
☑③ 見るにタエナイけんかが始まる。	③堪えない
☑④ バセイを浴びせられる。	④罵声
☑⑤ 弱者のハイセキを非難する。	⑤排斥
☑⑥ セイサンな状況を伝える。	⑥凄惨
☑⑦ ユウウツな気分で登校する。	⑦憂鬱
☑⑧ みりんをニショウ買う。	⑧二升
☑⑨ 各地のショウチュウが並ぶ酒屋。	⑨焼酎
☑⑩ 殿様からお言葉をタマワル。	⑩賜る
☑⑪ なんのオトサタもない。	⑪音沙汰
☑⑫ 催眠状態からカクセイする。	⑫覚醒
☑⑬ ダラクした日々から抜け出す。	⑬堕落
☑⑭ 親が子をサトス。	⑭諭す
☑⑮ 恩師が昨日セイキョされた。	⑮逝去
☑⑯ 新聞でフホウを知る。	⑯訃報
☑⑰ ツツシンデ申し上げます。	⑰謹んで
☑⑱ 心からアイトウの意を示す。	⑱哀悼
☑⑲ マキ場（ば）の牛の群れ。	⑲牧
☑⑳ 青空に新緑がハエル。	⑳映える
☑㉑ ニオウダチで進入をはばむ。	㉑仁王立ち
☑㉒ 朝からムナサワギがする。	㉒胸騒ぎ
☑㉓ ボウキャクされた歴史。	㉓忘却
☑㉔★ 口汚く相手をノノシル。	㉔罵る

☑㉕★ 父がマスザケを飲む。	㉕升酒
☑㉖★ 兄は小学校のキョウユだ。	㉖教諭
☑㉗★ キンゲンジッチョクが取り柄だ。	㉗謹厳実直

「文殊(もんじゅ)の知恵」の時代　教 p.182~p.185

☑① 誤答をテッテイテキに見直す。	①徹底的
☑② 交渉がケツレツする。	②決裂
☑③★ 稲光が闇をキリサク。	③切り裂く

坊(ぼ)っちゃん　教 p.186~p.198

☑① ムテッポウをして叱られる。	①無鉄砲
☑② 包丁のハを研ぐ。	②刃
☑③ 安易な考えでウケアウ。	③請け合う
☑④ 代々シチヤを営む。	④質屋
☑⑤ 頭のハチが張っている人。	⑤鉢
☑⑥ 馬のシリをムチでたたく。	⑥尻
☑⑦ 草むらから水がワキデル。	⑦湧き出る
☑⑧ イネを刈る機械。	⑧稲
☑⑨ 無期チョウエキの判決が下る。	⑨懲役
☑⑩ 親にカンドウを言い渡される。	⑩勘当
☑⑪ レイラクの一途をたどる。	⑪零落
☑⑫ 呉服問屋でホウコウする。	⑫奉公
☑⑬ 見たいテレビをアキラメル。	⑬諦める
☑⑭ キショウの荒い馬に乗る。	⑭気性
☑⑮ マクラモトに着替えを置く。	⑮枕もと〈枕元〉
☑⑯ ナベヤキうどんを作る。	⑯鍋焼き
☑⑰ 花の香りをカグ。	⑰嗅(嗅)ぐ
☑⑱ 土地取引のシュウセン業者。	⑱周旋
☑⑲ 父は単身でフニンしている。	⑲赴任
☑⑳ 首にテヌグイを巻く。	⑳手拭い
☑㉑★ 代金をセイキュウする。	㉑請求
☑㉒★ 天然の温泉がユウシュツする。	㉒湧出
☑㉓★ イナサクの歴史を調べる。	㉓稲作
☑㉔★ リクトウ栽培が盛んな地域。	㉔陸稲
☑㉕★ 桃太郎が鬼をコラシメル。	㉕懲らしめる
☑㉖★ ブギョウショの役人。	㉖奉行所
☑㉗★ 社会情勢をテイカンする。	㉗諦観
☑㉘★ キュウカクの鋭い動物。	㉘嗅(嗅)覚

★は新出漢字の教科書本文外の読み方です。

☑㉙★ 直接現地にオモムク。	㉙赴く
☑㉚★ 雑巾で床をフク。	㉚拭く

漢字を身につけよう８ 教 p.199

☑① ドンブリモノを食べる。	①丼物
☑② メンルイの種類が多い。	②麺類
☑③ 家族でショクタクを囲む。	③食卓
☑④ 旬の野菜でツケモノを作る。	④漬け物
☑⑤ ショクゼンの上に料理を並べる。	⑤食膳
☑⑥ コツズイを移植する。	⑥骨髄
☑⑦ アゲモノを作る。	⑦揚げ物
☑⑧ ハシを上手に使う。	⑧箸（箸）
☑⑨ カマで焼いたピザ。	⑨窯
☑⑩ 部屋にホウコウザイを置く。	⑩芳香剤
☑⑪ センヌキを使って開ける。	⑪栓抜き
☑⑫ 臭いものにフタをする。	⑫蓋
☑⑬ センベイを焼く。	⑬煎餅（煎餅）
☑⑭ 名物のクシダンゴを買う。	⑭串団子
☑⑮ オロシウリ市場の開場時間。	⑮卸売
☑⑯ しょう油をジョウゾウする。	⑯醸造
☑⑰ 中古品をレンカで購入する。	⑰廉価
☑⑱ サンプルを無料でハンプする。	⑱頒布
☑⑲ ヒトツブ残さずご飯を食べる。	⑲ひと粒〈一粒〉
☑⑳ 大和言葉について学ぶ。	⑳やまと
☑㉑ 弥生時代の暮らし。	㉑やよい
☑㉒ 雪崩の起こりやすい地形。	㉒なだれ
☑㉓ 吹雪がやんでから帰る。	㉓ふぶき
☑㉔ 硫黄の匂いが立ちこめる谷。	㉔いおう
☑㉕ 小豆を潰してあんこを作る。	㉕あずき
☑㉖ 鍛冶の技術を受け継ぐ。	㉖かじ
☑㉗ 江戸時代から続く老舗。	㉗しにせ
☑㉘ 為替相場が変動する。	㉘かわせ
☑㉙ 観衆が固唾をのんで見守る。	㉙かたず
☑㉚ 犯人の尻尾をつかむ。	㉚しっぽ
☑㉛★ テンドンを注文する。	㉛天丼
☑㉜★ イキヨウヨウと勝利を報告する。	㉜意気揚々〈意気揚揚〉
☑㉝★ 魚の骨がコウガイに刺さる。	㉝口蓋

☐㉞★ フライパンで大豆をイル。	㉞煎（煎）る
☐㉟★ 祖母とクサモチを作る。	㉟草餅（餅）
☐㊱★ 問屋が商品をオロス。	㊱卸す
☐㊲★ 新たなソリュウシが発見される。	㊲素粒子

本文で扱わなかった漢字　教 p.319

☐① 元海軍タイイの話。	①大尉
☐② インコウ条例が定められる。	②淫行
☐③ 畑にウネマを作る。	③畝間
☐④ 失敗するオソレがある。	④虞〈恐れ〉
☐⑤ ユウカイ犯が捕まる。	⑤誘拐
☐⑥ 迅速カツ丁寧な作業。	⑥且つ
☐⑦ センスイカンが海中を進む。	⑦潜水艦
☐⑧ キンコ三年の刑を言い渡す。	⑧禁錮〈禁固〉
☐⑨ オウコウ貴族が一堂に会する。	⑨王侯
☐⑩ ゴウモンを禁止する。	⑩拷問
☐⑪ 武家のケイシとして育つ。	⑪継嗣
☐⑫ 勲記にコクジを押す。	⑫国璽
☐⑬ シャクイの高い貴族。	⑬爵位
☐⑭ 紳士とシュクジョのたしなみ。	⑭淑女
☐⑮ ジュンショクした警察官。	⑮殉職
☐⑯ 天皇のショウショが公示される。	⑯詔書
☐⑰ 大企業のソウスイ。	⑰総帥
☐⑱ 由緒（ゆいしょ）ある宗家のチャクシ。	⑱嫡子
☐⑲ 朝廷のチョクシが遣わされる。	⑲勅使
☐⑳ チンは国家なり。	⑳朕
☐㉑ テイセツを重んじる。	㉑貞節
☐㉒ テイシン省の沿革を調べる。	㉒逓信
☐㉓ ドレイ制度の廃止。	㉓奴隷
☐㉔ 自衛隊のチュウトン地。	㉔駐屯
☐㉕ ヤバンな風習の残る村。	㉕野蛮
☐㉖ 美しいオウヒの肖像画。	㉖王妃
☐㉗ 家族をフヨウする。	㉗扶養
☐㉘ 甲と乙とヘイの順番。	㉘丙
☐㉙ 人格をトウヤする。	㉙陶冶
☐㉚ ラチ事件が解決する。	㉚拉致
☐㉛ ホリョを解放する。	㉛捕虜

俳句の世界／俳句十句
教 p.62〜p.70

❁俳句の形式　俳句の形式を確認しよう。

☐ ① 有季定型…季語が入り、五・七・五の十七音。

❁俳句の表現技法　技法のはたらきを確認しよう。

☐ ② 切れ字…句の切れめを明確にし、感動を深めたり、調子を整えたりする言葉。
→や・かな・けり　など

☐ ③ 一物仕立て（いちぶつじたて）…一句全体で、季語のことだけを描写する方法。

☐ ④ 取り合わせ…季語とは関係のないフレーズと季語を取り合わせる手法。

❁俳句の大意　俳句の意味を確認しよう。

☐ ⑤ 斧（おの）入れて…冬枯れした木立に斧を入れてみると、思いがけない木の香りがして、木の生命に驚くことだ。

☐ ⑥ 芋の露…秋の朝、里芋の葉に大粒（おおつぶ）の露がある。向こうには山脈が、姿勢を正して並んでいるように見える。

☐ ⑦ 分け入つても…山中深く分け入っても、青々とした山が続き、どこまでも歩き続けなければならない。

和歌の世界 ―万葉集（まんようしゅう）・古今和歌集（こきんわかしゅう）・新古今和歌集（しんこきんわかしゅう）
教 p.108〜p.117

❁和歌の技法　技法のはたらきを確認しよう。

☐ ① 枕詞（まくらことば）…特定の言葉の前におかれる決まった言葉。

例 あしひきの→山のしづくに妹（いも）待つと
我（あれ）立ち濡（ぬ）れぬ山のしづくに　　大津皇子（おおつのみこ）

☐ ② 序詞（じょことば）…枕詞と違う、ある語句を導き出す言葉。

例 多摩川（たまがは）にさらす手作り→さらさらに
何（なに）そこの児（こ）のここだ愛（かな）しき　　東歌（あずまうた）

☐ ③ 掛詞（かけことば）…一つの言葉に同音異義語の二つ以上の意味をもたせている言葉。

例 世の中は何か常なるあすか川
昨日（きのふ）の淵（ふち）ぞ今日（けふ）は瀬になる　　詠（よ）み人知らず

＊あすか川（川の名前）＋あす（明日）

❁作品　作品について確認しよう。

万葉集（まんようしゅう）	☐ ④ 成立	…奈良（なら）時代末期
	☐ ⑤ 特徴	…現存する日本最古の歌集
古今和歌集（こきんわかしゅう）	☐ ⑥ 成立	…平安時代
	☐ ⑦ 特徴	…最初の勅撰（ちょくせん）和歌集
新古今和歌集（しんこきんわかしゅう）	☐ ⑧ 成立	…鎌倉（かまくら）時代初期
	☐ ⑨ 特徴	…八番めの勅撰和歌集

各和歌集の代表的な歌人→「万葉集」…柿本人麻呂（かきのもとのひとまろ），額田王（ぬかたのおおきみ），「古今和歌集」…在原業平（ありわらのなりひら），紀貫之（きのつらゆき），「新古今和歌集」…西行法師（さいぎょうほうし）

おくのほそ道　教 p.120〜p.129

❋歴史的仮名遣い　現代仮名遣いを確認しよう。

- ☐ ① 過客（くわかく）…かかく
- ☐ ② 越えむ…こえん
- ☐ ③ 栄耀（えいえう）…えいよう

❋ポイント文　現代語訳を確認しよう。

- ☐ ④ 月日は百代（はくたい）の過客にして
  - 訳 月日は永遠の旅人のようなものであって
- ☐ ⑤ 功名一時（いちじ）の草むらとなる
  - 訳 功名を立てたが、それもほんの一時のことで、今はその跡もなくて、ただ一面の草むらとなっている
- ☐ ⑥ 佳景寂寞（じやくまく）として心澄みゆくのみおぼゆ
  - 訳 素晴らしい景色は静かでひっそりとした様子で、自分の心が澄みきっていくことだけが感じられる

❋俳句の季語　季語と季節を確認しよう。

- ☐ ⑦ 草の戸も…の句　季語…ひな　季節…春
- ☐ ⑧ 夏草や…の句　季語…夏草　季節…夏
- ☐ ⑨ 卯（う）の花に…の句　季語…卯の花　季節…夏
- ☐ ⑩ 五月雨（さみだれ）の…の句　季語…五月雨　季節…夏
- ☐ ⑪ 閑（しづ）かさや…の句　季語…蝉（せみ）　季節…夏

論語　漢文の読み方　訓読の仕方の確認　教 p.132〜p.135

❋返り点　漢文を読む順番を確認しよう。

- ●レ点…一字だけ上の字に返る。
- ☐ ① [3]レ [2]レ [1]。
- ●一・二点…二字以上離れた上の字に返る。
- ☐ ② [1] [2] [5]二 [3] [4]一。
- ☐ ③ [5]三 [1] [4]二 [2] [3]一。
- ●上・下点…一・二点をはさんで下から上に返る。
- ☐ ④ [6]下 [1] [4]二 [2] [3]一 [5]上。

❋語句の意味　意味を確認しよう。

- ☐ ⑤ 子曰（しい）はく…先生（孔子（こうし））が言われた
- ☐ ⑥ 耳順（したが）ふ…他人の言葉を素直に聞き入れる
- ☐ ⑦ 亦（また）〜乎（や）…なんとも〜ではないか
- ☐ ⑧ 君子…徳の高い人格者

❋ポイント文　書き下し文と返り点を確認しよう。

- ☐ ⑨ 己ノ所レ不レ欲セ、勿レ施スコト二於人一。
  - 書き下し文 己（おのれ）の欲せざる所、人に施すこと勿（な）かれ。
  - ＊置き字…訓読の際に読まない文字…而・于・於
- ☐ ⑩ 有リ下朋、自リ二遠方一来タル上、不ず二亦楽シカラ一乎や。
  - 書き下し文 朋（とも）、遠方より来たる有り、亦（また）楽しからずや。

『論語』に出てくる儒教（じゅきょう）思想に関係する語句→「仁（じん）」…真心，思いやり。「恕（じょ）」…思いやり，いつくしみ。

文法の窓　表現につながる文法

教 p.153／p.208～p.211

❁助詞や助動詞に相当する語句　語句を確認しよう。

●助詞に相当する語句

☐ ① 取り上げる対象を示す
例今月のクラス目標について発表する。
＊君だけに僕の秘密を話すよ。（くだけた表現）

☐ ② 行為・反応の対象を示す
例この意見に対して多くの賛同の声が寄せられた。

☐ ③ 場所を示す
例市民会館において説明会が行われた。
＊体育館でバスケットボールをした。（くだけた表現）

☐ ④ 資格や立場を示す
例先輩として後輩の面倒(めんどう)をみる。

●助動詞に相当する語句

☐ ⑤ 可能性があることを示す
例まだ間に合うかもしれない。

☐ ⑥ 断定できないが確信されることを示す
例彼が犯人にちがいない。

☐ ⑦ その事態が妥当であるという話し手の評価を示す
例同じ地球上の人間として助け合うべきだ。

❁視点と表現　視点のおき方の違いを確認しよう。

●自動詞と他動詞

☐ ⑧ 「何がどうなったか」に視点をおいた述べ方
例ドアが開いた。

☐ ⑨ 「誰がどうしたか」に視点をおいた述べ方
例父がドアを開けた。

●受け身の表現と使役の表現

☐ ⑩ 「何がどうされたか」に視点をおいた述べ方
例ねずみが子猫に追いかけられた。

☐ ⑪ 「何がさせたか」に視点をおいた述べ方
例母猫が子猫にねずみを追いかけさせた。

●やりもらいの表現

☐ ⑫ 「私がされたこと」に視点をおいた述べ方
例私が友達にプレゼントをもらった。

☐ ⑬ 「私がしたこと」に視点をおいた述べ方
例私が友達にプレゼントをあげた。

●「〜ていく」と「〜てくる」

☐ ⑭ 「話し手から遠ざかる方向」に視点を向けた述べ方
例父が妹を病院に連れていく。

☐ ⑮ 「話し手に近づいてくる方向」に視点を向けた述べ方
例父が妹を病院に連れてくる。

「〜ていく」と「〜てくる」が時間の動きを表すことがある。
例だんだん遠くなっていく。　例だんだん暗くなってくる。

文法

三年間の文法の総まとめ①

教 p.212〜p.219

❊言葉のまとまり　言葉の単位を確認しよう。

●言葉の単位

小 ⇦言葉の単位⇨ 大	
文章・談話	書き言葉（文章）や話し言葉（談話）で表現され、ひとまとまりとなっている全体。
段落	文章や談話の中で、内容的にひとまとまりになっている部分。
文	考えや気持ち、できごとなどの事柄を表し、句点（。）でくぎられるひと続きの言葉のまとまり。
文節	文を発音や意味のうえで不自然にならないように、できるだけ小さくくぎったときのまとまり。
単語	文節を組み立てている一つ一つの言葉。

●文・文節・単語の関係

例 机(単語)の(単語)［文節］ 上(単語)に(単語)［文節］ 本(単語)が(単語)［文節］ 置い(単語)て(単語)［文節］ ある(単語)［文節］。［文］

❊文節の関係・連文節・文の成分　はたらきを確認しよう。

●文節の関係

☐ ① 主語・述語　例 白い 花が(主語) 咲いた(述語)。

☐ ② 修飾・被修飾語　例 白い(修飾語) 花が(被修飾語) 咲いた。

☐ ③ 接続語　例 だから・しかし・つまり・さて

☐ ④ 独立語　例 ええ・おはよう・やあ

●連文節

☐ ⑤ 並立の関係　例 兄と 姉が いる。

☐ ⑥ 補助の関係　例 晴れて いる

●文の成分　例 隣の 鶏が(何が) 朝一番に(いつ) 鳴く(どうする)。

❊単語の類別と品詞　単語の類別と品詞を確認しよう。

単語				
自立語	活用がない	主語になる	名詞	体言
		主語にならない	副詞	
			連体詞	
			接続詞	
			感動詞	
	活用がある	述語になる	動詞（言い切りがウ段）	用言
			形容詞（言い切りが「い」）	
			形容動詞（言い切りが「だ・です」）	
付属語	活用がない		助詞	
	活用がある		助動詞	

❊名詞の種類　名詞の種類を確認しよう。

普通名詞	春・中学生・家・正義……
固有名詞	夏目漱石（なつめそうせき）・日本・ロンドン・令和……
数詞	一つ・二回・三人・五千円……
形式名詞	（書く）こと・（書く）とき・（ちょうど着いた）ところ……
代名詞　人称代名詞	私・君・彼・誰……
代名詞　指示代名詞	ここ・そこ・あれ・どれ……

あとひと押し！　単語は，もとの語の意味を失うほどには分けない。例えば，「飛び出す」「話しかける」は全体で意味をもつので，一単語になる。

三年間の文法の総まとめ②

教 p.212～p.219

❁動詞・形容詞・形容動詞　性質や形、活用を確認しよう。

●動詞・形容詞・形容動詞

	性質	基本の形
動詞	人や物事の動作・作用・状態・存在を表す。	言い切りの形がウ段の音で終わる。
形容詞	物事の性質や状態、人の感情などを表す。	「い」で終わる。
形容動詞	物事の性質や状態、人の感情などを表す。	「だ・です」で終わる。

●動詞の活用型

☑①五段活用　☑②上一段活用
☑③下一段活用　☑④カ行変格活用
☑⑤サ行変格活用

❁副詞・連体詞・接続詞・感動詞　はたらきを確認しよう。

☑⑥副詞…主に連用修飾語になる。
☑⑦連体詞…連体修飾語になる。
☑⑧接続詞…前に述べた事柄とあとに述べる事柄とをつなぎ、それらの事柄の関係を示す。
☑⑨感動詞…応答・挨拶・呼びかけ・感嘆などを表す。

❁助詞・助動詞　はたらきと種類を確認しよう。

●助詞

格助詞	が・を・に・へ・と・から・より・で・や・の
接続助詞	と・から・ので・のに・が・けれども（けれど）・て・ても（でも）・ば……
副助詞	は・も・こそ・さえ・でも・だって・すら・しか・まで・ばかり……
終助詞	か・かしら・ぞ・ぜ・な・なあ・ね・ねえ・わ・よ・とも・さ……

●助動詞

受け身・自発・可能・尊敬	れる・られる
使役	せる・させる
断定	だ
丁寧な断定	です
丁寧	ます
打ち消し（否定）	ない／ぬ・ん
過去・完了・存続・確認	た・だ
希望	たい・たがる
意志・勧誘（かんゆう）・推量	う・よう
推定	らしい
推定・たとえ・例示	ようだ
様態・伝聞	そうだ
打ち消しの意志・打ち消しの推量	まい

「～することができる」という意味を表す可能動詞は，下一段活用で，命令形はない。例歩ける・話せる・聞ける・使える